आत्मविश्वास की पूंजी

संसार प्रसिद्ध विचारक और लेखक
स्वेट मार्डेन की पुस्तकों ने
करोड़ों लोगों के जीवन में क्रांति
ला दी है, भटक रही मानवता
को नयी दिशा दी है।
प्रस्तुत पुस्तक 'आत्मविश्वास की पूंजी'
नामक पुस्तक भी इसी
महान् विचारक की
महान् कृति का हिंदी
रूपांतर है।

आत्मविश्वास की पूंजी

स्वेट मार्डेन

डायमंड बुक्स

www.diamondbook.in

© प्रकाशकाधीन

प्रकाशक : डायमंड पॉकेट बुक्स (प्रा.) लि.

X-30 ओखला इंडस्ट्रियल एरिया, फेज-II

नई दिल्ली-110020

फोन: 011-40712200

ई-मेल: saless@dpb.in

वेबसाइट: www.diamondbook.in

AATMVISVAS KI POONJI

By - Swett Marden

अनुक्रम

आत्मविश्वास का मनोविज्ञान

कई बार ऐसा होता है कि शारीरिक रूप से कोई व्यक्ति स्वस्थ होता है, मानसिक रूप से भी शक्तिशाली है परंतु विश्वास के कारण वह शक्तियों का लाभ नहीं उठा पाता।

मनुष्य की अपनी शक्तियां इतनी प्रबल नहीं होतीं जितनी प्रबल आत्मविश्वास की शक्ति होती है। एक साधारण शरीर से निर्बल या अपंग व्यक्ति भी आत्मविश्वास की शक्ति के सहारे बहुत ऊंचाइयों तक पहुंच जाता है आत्मविश्वास बहुत बड़ी शक्ति है। विश्वास का मनोविज्ञान समझ लेना आवश्यक है। यह जान लेने के बाद आप निश्चित रूप से असाधारण सफलता प्राप्त कर सकते हैं। कई बार ऐसा होता है कि शारीरिक रूप से कोई व्यक्ति स्वस्थ होता है, मानसिक रूप से भी शक्तिशाली है परन्तु विश्वास की, कमी के कारण वह शक्तियों का लाभ नहीं उठा पाता।

बहुत से सैनिक युद्ध में पीठ दिखाकर भाग खड़े होते हैं, पराजय स्वीकार करके आत्म-समर्पण कर देते हैं। किन्तु कुछ इतने आत्मविश्वासी होते हैं कि वह अंतिम सांस तक पराजय स्वीकार नहीं करते हैं। वह थोड़ी-सी शक्ति शेष रहने तक लड़ते रहते हैं। रणक्षेत्र में विजयश्री ऐसे ही वीरों को मिलती है। ऐसे ही वीर टैंकों से भिड़ जाते हैं। हथगोलों से टैंकों को तोड़ डालते हैं। वह ही मोर्चा जीतते हैं। अनेक युद्धों का वर्णन पढ़ने पर ऐसे नाम पढ़ने को मिलेंगे जिन्होंने आत्मविश्वास की के सहारे वीरतापूर्वक लड़कर परमवीर चक्र या विक्टोरिया क्रास प्राप्त किए हैं। विश्वास की शक्ति ही मनुष्य के द्वारा बड़े-बड़े कार्य करा देती है। ऐसे कार्य जो असंभव प्रतीत होते हैं। देखने में जो लोग अक्सर मामूली से लगते हैं और उन्हें अत्यन्त अयोग्य समझा जाता है, वह कभी-कभी अपने से अधिक योग्य समझे जाने वाले शक्तिशाली लोगों से भी बड़े और चकित कर देने वाले कारनामे कर दिखाते हैं।

एक बादशाह ने अपने बुद्धिमान वजीर से पूछा–"सबसे बड़ा हथियार क्या है?"

वजीर ने उत्तर दिया–"सबसे बड़ा हथियार है आत्मविश्वास।"

बादशाह ने उसकी परीक्षा लेने की सोच ली।

कुछ दिनों के बाद बादशाह ने ऐसे समय पर जब वजीर निहत्था था, एक खूनी हाथी उसके सामने छुड़वा दिया । सामने खूनी साथी को देखकर वजीर ठिठककर खड़ा हो गया । क्षण भर सोचा और आत्मविश्वास बटोर लिया । तुरन्त आस-पास देखा । एक कुतिया पर नजर पड़ गयी । वजीर ने कुतिया की टांग पकड़ी और घुमाकर हाथी की ओर फेंक दिया । कैं-कैं का शोर मचाती हुई कुतिया हाथी के सूंड पर जाकर लगी । सूंड पर पंजा भी लग गया । हाथी उल्टे पांवों भाग खड़ा हुआ पीछे मुड़कर भी नहीं देखा । उसका महावत भी हाथी को भागते देख घबरा गया । गिरने से बड़ी कठिनाई से बचा था ।

बादशाह ने जब यह सुना तो उसे बहादुर वजीर पर गर्व हुआ और उसने मान लिया कि वजीर साहसी और आत्मविश्वासी है । वजीर आत्मविश्वासी न होता तो वह घबरा जाता और हाथी से डर कर भाग जाता ।

भगवान ने मनुष्य को स्वास्थ्य, शक्ति और साधन-संपन्न शरीर दिया है । इस ईश्वर प्रदत्त शरीर से मनुष्य ऐसे-ऐसे काम कर सका है जो असंभव लगते हैं । यह आत्मविश्वास की शक्ति से ही हो सकता है । यह विश्वास की शक्ति असंभव को संभव कर देती है । अपने सपनों को केवल सपना मत समझो-आप जो इच्छा दिल की गहराइयों से करते हैं, वह सपना ही सचाई बन सकता है । जरूरत है आत्मविश्वास और लगन व परिश्रम की ।

यह विश्वास की ही शक्ति है कि इजराइल के वीर डेविड नामक युवक ने निहत्थे ही फिलस्तीन के भीमकाय योद्धा गीलिथ को परास्त कर दिया था । डेविड को हथियार चलाना भी नहीं आता था । उसने एक पत्थर उठाकर उस हथियार बंद शक्तिशाली योद्धा के माथे पर ऐसा खींचकर मारा था कि वह वहीं मर गया था । यह पुरानी बात है जो इजराइल का बच्चा-बच्चा आज भी वहां की पुस्तकों में पड़ता है । विश्वास किसी भी तरह की लड़ाई में जीत के लिए बड़ा जरूरी है । विजय की चाबी विश्वास ही है । विश्वास नहीं होता तो विजय असंभव हो जाती है । जिसने भी कहीं जीत हासिल की है उसमें आत्मविश्वास कूट-कूटकर भरा था । आत्मविश्वास की कमी ही असफलता का एक मात्र कारण होती है । आत्मविश्वास जाग उठता है तो मनुष्य की सोई हुई शक्तियां जाग उठती हैं । जिसके हृदय में संदेह है, आशंका है, अविश्वास है, वह जीवन में सफलताओं के शिखर तक नहीं पहुंच सकता । जो सफलता पर संदेह करेगा उसे सफलता कभी नहीं मिल सकती ।

आत्मविश्वास:

सफलता उसी को मिलती है, जिसे सफलता पर विश्वास होता है । आत्मविश्वास के बिना तो ईश्वर या देवता भी आपकी सहायता नहीं कर सकते । जीवन में महान कार्य वह लोग ही

करके दिखा सकते हैं जो दृढ़ आत्मविश्वासी हैं । जिन्हें अपनी शक्ति पर विश्वास नहीं है, वह कुछ नहीं कर सकते । आत्मविश्वासी लोग जीत की ओर, प्रगति की ओर बढ़ते हैं । संदेहशील और शंकालु लोग पिछड़ जाते हैं । बहुत से लोग अपनी आत्मविश्वास की शक्ति से असंभव लगने वाले कार्य करके विश्व को चमत्कृत कर देते हैं ।

नेपोलियन बोनापार्ट जितना कर सका था वह उसके शरीर को देखकर कोई अनुमान भी नहीं लगा सकता था । परन्तु अपनी योग्यता पर विश्वास करने वाले नेपोलियन ने सारी दुनिया को चकित कर दिया था । अपनी शक्ति और अपनी जीत का विश्वास होना चाहिए, जीत निश्चित हो जाती है । विश्वास डगमगाने पर हार निश्चित है । विश्वास की शक्ति के चमत्कार बहुत बार देखने को मिलते हैं । एक मनोवैज्ञानिक ने एक साधारण व्यक्ति को 'हिप्नोटाइज्ड' करके उसके द्वारा इतना बोझ उठवा दिया था कि कई शक्तिशाली लोग भी न उठा सकें ।

यह शक्ति मनोवैज्ञानिक नहीं देता ।

यह शक्ति व्यक्ति की अपनी शक्ति है ।

मनोवैज्ञानिक तो उभारकर बाहर लाने का कार्य करता है । आत्मविश्वास बढ़ता है तो कार्यशक्ति भी बढ़ती है । आत्मविश्वास घटता है तो कार्यशक्ति घटती है । अनेक महापुरुष ऐसे हुए हैं, जिन्होंने आत्मविश्वास के कारण अद्भुत कार्य कर दिखाए हैं । लिंकन आत्मविश्वास के कारण ही अमेरिका के राष्ट्रपति बन गए थे । जो लोग आगे बढ़ते हैं, आत्मविश्वास की शक्ति के साथ, लोग उनके सामने से स्वयं हट जाते हैं । कोई भी उनका मार्ग नहीं रोक सकता। विश्वास की शक्ति के सहारे ही तो पियरे ने उत्तरी ध्रुव की खोज की थी । बर्फ ऐसी कि शरीर जम जाए । खून भी बर्फ बन जाए । पियरे में आत्मविश्वास कूट-कूट कर भरा था । उसे उसके निश्चय से कोई नहीं डिगा सका था । साथियों ने बगावत कर दी थी । जहाज भी धोखा दे गया था । कई अड़चनें आयीं । पियरे नहीं घबराया था । वह मंजिल पर पहुंच ही गया था ।

जिनका आत्मविश्वास जाग उठता है वह असंभव कार्य कर दिखाते हैं । विश्वास की शक्ति महान है । वह तो पहाड़ों को हिला देती है । पर्वतों में राहें बनाती है । दर्रे बना देती है । आत्मविश्वास की ही शक्ति थी कि एक प्रेमी फरहाद ने पहाड़ काटकर नहर बना दी थी । यह भी आत्मविश्वास का ही चमत्कार था कि मजनूं आग में चला था । आत्मविश्वास का ही तो चमत्कार था कि फ्रांस में एक ग्रामीण बालिका महान स्वतंत्रता सेनानी बनी थी जिसने फ्रांस की स्वतंत्रता में योगदान दिया था । एक पशु चराने वाली अशिक्षित लड़की इतनी महान बन

गयी । यह आत्मविश्वास की शक्ति का ही तो चमत्कार था । बहुत से लोगों को अपनी शक्तियों पर विश्वास नहीं होता ।

वह अपनी शक्तियों से या तो परिचित नहीं होते या पूर्ण विश्वास नहीं होता। इसलिए वह आगे नहीं बढ़ पाते । उनके ऊपर जो ऑफिसर होते है वह भी शिक्षा में उनसे कम होते हैं, फिर भी वह पीछे रह जाते हैं । कारण आत्मविश्वास की कमी होती है । यदि उन्हें अवसर मिल जाए अपनी शक्तियों के प्रदर्शन का तो वह चमत्कार कर सकते हैं । अवसर लिए जाते हैं, प्राप्त किए जाते हैं । बस आत्मविश्वास होना चाहिए, सूझ चाहिए, अपनी शक्ति की पहचान होनी चाहिए । आप कभी यह मत सोचिए कि 'आप यह नहीं कर सकते' या असफल हो जाएंगे । आशंका ही तो असफलता को बुलावा देती है । अविश्वास और असफल होने का डर कभी भी आगे नहीं बढ़ने देता है । संदेह और आशंका को दिल से निकालकर जीवन को बदल डालिए ।

विश्वास:

विश्वास मनुष्य की शक्ति को जगाता और बढ़ाता है । जीवन को जीना सिखाता है । इंग्लैंड के प्रधानमंत्री हुए हैं डिजराइली । वह एक कठिन परीक्षा से गुजरते हुए, अपने आत्मविश्वास के हथियार से अनेक बाधाओं को तोड़ते हुए इस पद पर पहुंच गए थे । विश्वास वह चीज है जो मनुष्य का संबंध ईश्वरीय शक्ति के स्रोत से जोड़ देती है; जिससे सफलता के दरवाजे खुल जाते हैं । विश्वास न तो सोचता है और न अंदाजे लगता है । विश्वास तो बस जानता है । यह पथ प्रदर्शन शक्ति है जिसके प्रकाश में मनुष्य सफलता के मार्ग पर बढ़ता हे और कभी भटकता भी नहीं है ।

ईसाई धर्म और ईसाइयों को मिटाने के लिए रोमन राज्य की सारी ताकत लग गई थी । ईसाइयों को मारा गया, कष्ट दिए गए सूलियों पर लटकाया गया, जिंदा जलाया गया, परन्तु उन लोगों ने उफ न की । यह प्रबल आत्मविश्वास और ईश्वर विश्वास की शक्ति ही तो थी । आज जिस सभ्यता को हम देख रहे हैं, यह एकदम नहीं आयी, यह आत्मविश्वास के सहारे बढ़ती रही है । विश्वास से ही मानव इतनी ऊंचाइयों पर चढ़ा है ।

विश्व में बहुत कम लोग अपनी आत्मविश्वास की आवाज को सुनते हैं । विश्वास की यह शक्ति सब में प्रकट नहीं हो पाती । मानवता को कुछ दे देने के लिए सभी के पास है । परन्तु वह इसलिए नहीं दे पाते कि अपने छुपे हुए गुणों का प्रगटीकरण नहीं कर पाते । आत्मविश्वास और ईश्वर पर विश्वास करके प्रत्येक व्यक्ति प्रयत्न करे तो मानवता को कुछ न कुछ अभूतपूर्व दें सकते हैं । आप भी मनुष्य हैं । आप भी यदि यह मान लें कि आप विश्व में बोझ बनने नहीं आए

हैं । बल्कि इस मानवता को कोई नया संदेश देने आए हैं-कोई ऊंचा काम करने आए हैं। पैगम्बर ईसा, जो ईश्वर-पुत्र कहलाते हैं- 'अपने विश्वास के अनुसार ही तुम बन जाओगे ।' ईसा मनुष्यों को विश्वास दिलाते थे कि वे तभी कोई कार्य कर सकते हैं जबकि विश्वास हो। विश्वास एक ज्योति है, प्रकाश है । ईश्वरत्व का प्रमाण है । जीवन में जो भी दुख, क्लेश और असफलताएं हैं उसका कारण भी अविश्वास है या विश्वास का अभाव है । आप अपने आप से कहें- 'मैं ईश्वर की संतान हूं! ईश्वर को मेरा दुर्बल जीवन स्वीकार नहीं है । ईश्वर ने मुझे सफलता के लिए बनाया है, असफलता के लिए नहीं । उसने तो किसी को भी असफलता नहीं दी । मैं अपनी महत्वाकांक्षाओं को संदेह से नष्ट नहीं होने दूंगा । ईश्वर की मूर्ति मेरे हृदय में है । जो मैं करना क्षमा चाहता हूं वह मैं कर सकता हूं, करके दिखाऊंगा । क्योंकि ईश्वर यही चाहता है।

आत्मविश्वास के साथ इस प्रकार महानता स्थापित करने से बड़ी प्रेरणा और शक्ति मिलती है । आप अपने अन्दर स्थाई विश्वास और आशावाद स्थापित करें । अस्थाई नहीं । अपनी महत्त्वाकांक्षा और विश्वास के सच्चे दोस्त बनें । उन्हीं के सहारे आप महान बन सकते हैं । मनुष्य जब ईश्वरीय शक्ति से अपना संबंध जान लेता है, तब वह आत्मनिर्भर और शक्तिशाली, साहसी और कर्त्तव्यनिष्ठ बनकर आगे बढ़ता चला जाता है और संसार की सारी शक्तियां उसके पक्ष में आ खड़ी होती हैं । यह विश्वास कि हम उस परमपिता की संतान और शक्तिशाली हैं, जीवन की दिशा बदल सकता है ।

कोई बीमार तब तक अच्छा नहीं हो सकता जब तक उसे दवाइयों पर विश्वास नहीं है । अनेक औषधियां या डाक्टर इलाज नहीं कर सकते, वास्तव में इलाज करता है अन्दर का विश्वास । विश्वास प्रबल होता है तो राख की चुटकी या साधारण विटामिन टेबलेट्स ही भयंकर रोग का इलाज कर देती हैं। जिसे कीमती दवाएं विश्वास की कमी में ठीक नहीं कर सकतीं । कभी-कभी बड़े-बड़े डाक्टर रोगी को ठीक करने में असमर्थ रहते हैं और साधारण वैध या हकीम साधारण सी औषधि से रोगी को स्वस्थ कर देते हैं ।

यह रोगी के तन पर डाला गया विश्वास चमत्कार कर दिखाता है । यह विश्वास का मनोविज्ञान है । यह साइकॉलोजिकल इफैक्ट है । सफलता पाने के लिए सफलता के बारे में सोचा जाता है, इच्छा की जाती है, प्रयास किए जाते हैं और विश्वास बनाया जाता है । उसी प्रकार स्वस्थ होने के लिए स्वास्थ्य की आशा, इच्छा और विश्वास करना चाहिए । स्वस्थ विचार मन में रहने से ही स्वास्थ्य आता है । मन में बीमारी और कमजोरी रहेगी, स्वास्थ्य के

विरुद्ध विचार रहेंगे, तब तक आप कभी स्वस्थ नहीं हो सकते । ऐसी अनेक घटनाएं घटी हैं और घटती रहती हैं जब प्रबल विश्वास के कारण बिना इलाज के ही रोग भाग जाता है ।

एक व्यक्ति भयंकर रोग से पीड़ित था जिसका इलाज अनेक डाक्टर नहीं कर सके थे । वह निराश हो चुका था । ठीक हो जाने की उसे आशा नहीं रही थी, एक दिन उसने किसी अखबार में पढ़ा कि उस नगर में बाहर से कोई बहुत बड़ा डाक्टर आया है । उस गरीब रोगी ने अपनी समस्त जायदाद बेच दी । डाक्टर के पास पहुंच गया जहां लाइन लगी थी । उसे उस डाक्टर पर इतना विश्वास था कि वह ऐसा महसूस करने लगा जैसे वह ठीक होने लगा है। वह पूर्ण स्वस्थ हो जाएगा । डाक्टर ने जब परीक्षण के बाद कहा कि वह तो बहुत जल्दी ठीक हो जाएगा, तो उसके मन पर बहुत गहरा प्रभाव पड़ा । वह स्वयं को स्वस्थ अनुभव करने लगा । सचमुच वह ठीक हो गया ।

यह सब क्या हो गया?

मनोवैज्ञानिक चमत्कार ।

मन पर प्रभाव ।

विश्वास।

दृढ़ विश्वास और आस्था के कारण वह ठीक हो गया ।

बहुत से साधु महात्मा सिर पर हाथ रखकर रोग भगा देते हैं । प्रबल विश्वास और आस्था रोग भगाती है, उनके हाथ से यह संभव नहीं है । न्यूयार्क के गिरजाघर में भयंकर रोग नष्ट हो जाने का रहस्य भी प्रबल विश्वास है । विश्वास की शक्ति से वह रोग नष्ट हो जाता है क्योंकि विश्वास का संबंध मन से है । मन पर गहरा प्रभाव शरीर पर असर डालता है । शरीर का राजा तो मन ही है । मन का बाहरी रूप शरीर है । मन में जो भावना प्रबल होती है, उसी का शरीर पर प्रभाव पड़ता है । यह मनोविज्ञान का असर है ।

संदेह और अविश्वास:

स्वास्थ्य में संदेह और अविश्वास हो जाएगा तो आप बीमार पड़ जाएंगे । आप जैसी कल्पना और विश्वास करेंगे वैसे बन जाएंगे । स्वास्थ्य और बीमारी भावना पर निर्भर है । स्वास्थ्य का विश्वास स्वास्थ्य प्रदान करेगा और मन में बीमारी का वहम घुस जाता है तो बीमारी पकड़ लेती है । कभी-कभी झाड़-फूंक करने वाले ओझा व भगत लोग मंत्रों से कई रोग ठीक करने में सफल हो जाते हैं । यह और कुछ नहीं विश्वास का मनोविज्ञान है, जिसे वह लोग जानते हैं । उन लोगों के मंत्रों या झाड़ों पर जिनका विश्वास होता है, वह ठीक हो जाते हैं, जिन्हें विश्वास नहीं या जो समझदार पढ़े-लिखे हैं वह उनसे ठीक नहीं हो सकते । विश्वास ही सबसे बड़ी और अचूक दवाई है ।

विश्वास ही जीवन-निर्माता, सृष्टिकर्ता और संरक्षक रहा है । विश्वास के बिना मनुष्य जीने की आशा नहीं कर सकता । विश्वास की ही शक्ति थी कि ईसा के छूते ही रोगी ठीक हो जाता था । लोग रोगी को ईसा के पांवों में फेंक देते थे और रोगी स्वस्थ हो जाता था । यह ईश्वर और ईसा पर अटूट और प्रबल विश्वास का चमत्कार था । बहुत से मनोवैज्ञानिक असाधारण रोगों का इलाज मनी-विज्ञान के द्वारा कर देते हैं । रोगी को सम्मोहन द्वारा उसकी शक्तियों को आन्दोलित कर देते हैं, उसे आदेश देते हैं और इच्छानुसार उसका इलाज कर देते हैं । कुछ रोगियों का इलाज तो बातचीत से ही कर देते हैं, मन पर प्रभाव डालकर । यह सब विश्वास है । जिस दवाई पर या डाक्टर पर विश्वास होगा, इलाज भी उसी से होगा ।

अतः यदि आप सफलता पाना चाहते हैं, स्वस्थ मन, स्वस्थ शरीर रखते हुए ऊंचाइयों को छूना चाहते हैं तो आत्मविश्वासी बनिए । अपने ऊपर दृढ़ विश्वास रखिए । स्वयं को शक्तिमान ईश्वर का अंश मानिए । मन में यह आशा और विश्वास रखिए कि आप स्वस्थ और पूर्ण मानव हैं, आप सब कुछ कर सकते हैं, आप सफल हैं और अपनी सभी इच्छाओं की पूर्ति करने की शक्ति भी आपके अन्दर है ।

आत्म-निरीक्षण

अपनी भूलों पर कुढ़िए नहीं । न पश्चाताप के आंसू बहाइए । बल्कि यह सोचिए कि अब भविष्य में वैसी भूल से कैसे बचा जा सकता है ।

जीवन में सफलता पाने के लिए यह परम आवश्यक है कि आप आत्मनिरीक्षण करके यह ज्ञात करते रहें कि लोगों में आपके प्रति क्या धारणाएं हैं । लोग आपको कितना पसंद करते हैं और कितना नापसंद । आप सहज ही यह पता लगा सकते हैं । लोगों के विचारों का पता उनके व्यवहार और बातों से चल जाता है । आप एकान्त में बैठकर चिन्तन-मनन करने की आदत डालिए । रात्रि में सोने से पूर्व यदि आप अपना निरीक्षण करें और देखें कि दिन-भर में आपने क्या-क्या गलतियां की हैं तो बहुत सी भूलों को आप सुधार सकते हैं । दोबारा गलतियां करने से बच भी सकते हैं ।

अपनी भूलों पर कुढ़िए नहीं । न पश्चात्ताप के आंसू बहाइए । बल्कि यह सोचिए कि अब भविष्य में वैसी भूल से कैसे बचा जा सकता है ।

आपने किसी से ऐसा व्यवहार कर दिया है जिससे उसके दिल को ठेस लगी होगी तो आप उससे क्षमा मांग लीजिए या भविष्य में किसी से भी ऐसा त्रुटिपूर्ण व्यवहार मत कीजिए । आत्म-निरीक्षण से आपको यह भी पता लगेगा कि आप कितने लोकप्रिय हैं या बदनाम हैं! आप कितने सफल हैं या असफल! आप में कितने गुण हैं और कितने अवगुण!

बीती ताहि बिसार दे:

अपने अवगुणों को भुलाइए । उन्हें त्यागिए । जो भी बुरी लतें हैं, उन्हें छोड़ दीजिए । अच्छी आदतें डाल लीजिए । आप में जो अच्छी बातें हैं, अच्छी आदतें हैं, गुण हैं, उनका विकास कीजिए ।

आत्म-विश्वास और परिश्रम के बल पर आप उन गुणों को बढ़ाकर महान बन सकते हैं । बिना आत्म-निरीक्षण के कभी भी आपको यह पता नहीं लग सकता कि आप क्या बनना चाहते हैं? जब तक आप यह नहीं जानते तब तक आगे कैसे बढ़ सकते हैं? पहले यही जानिए कि आप

क्या चाहते हैं । क्या बनना चाहते हैं? आपकी महत्त्वाकांक्षा क्या है? अपने जीवन को किस रूप में ढालना चाहते हैं?

इन प्रश्नों का उत्तर कोई दूसरा व्यक्ति देने नहीं आएगा ।

आप स्वयं से ही प्रश्न करें और स्वयं उत्तर दें । अपने अंदर झांककर देखें । अच्छी तरह निरीक्षण करें । कोना-कोना देखें । पता लगाएं कि क्या बनने की प्रबल इच्छा है और महत्त्वाकांक्षा है । पहचानिए अपने आपको कि आप क्या हैं? देख लीजिए तौलकर अपनी शक्ति को । आप देखेंगे कि आप में महानता छुपी पड़ी है । आप पाएंगे कि आप में शक्तियां भी हैं । आपने अभी तक उनका प्रयोग नहीं किया है । आपकी प्रतिभा पर धूल जमी है । उसे साफ कीजिए निखारिए, चमकाइए । आप आत्मविश्वास के सहारे परिश्रम से आगे बढ़ते, जाएंगे । महान बनते चले जाएंगे । यह सब तभी संभव है जब आप आत्म-निरीक्षण द्वारा अपने आपको पहचानें । बहुत से लोग ऐसे होते हैं जो मन ही मन यह समझे रहते हैं कि वह जो भी कहते हैं सभी सराहा जा रहा है । उनकी बातों को पसंद किया जाता है । कभी वह गलत नहीं कहते । त्रुटियां नहीं करते ।

जबकि वास्तविकता यह होती है कि उनकी हर बात समाज में बुरी कही जा रही है, सब उनकी निन्दा करते हैं । उनकी हर बात और कार्य त्रुटिपूर्ण है । उन के मुंह पर लोग उनकी आलोचना नहीं करते । इसलिए उन्हें वास्तविकता का पता नहीं चलता और यह गलतफहमी का शिकार रहते हैं । यह गलतफहमी कैसे दूर हो? कोई उनकी आलोचना मुंह पर तो करता नहीं है । उन्हें पता ही नहीं चलता कि उनके बारे में लोगों की क्या धारणा है?

यह पता लगेगा आत्म-निरीक्षण से ।

आत्म-निरीक्षण कीजिए । स्वयं को तटस्थ होकर देखिए ।

फिर आत्मालोचन कीजिए और अन्दर जो भी कमियां देखें, उन्हें पूरे आत्मविश्वास से दूर करने का प्रयास कीजिए ।

आशंका एक विष है

आशंकाओं के बारे में किसी भी प्रकार मत सोचिए, उन्हें भुलाने या भगाने की भी न सोचें। मन को दूसरे कार्यों में उलझा दें।

आशंका, डर, वहम या निराशा आदि मन की ऐसी दशाएं हैं, जो उसके लिए विष से भी अधिक घातक सिद्ध होती हैं। मनोविज्ञान स्पष्ट कहता है कि किसी बीमारी की आशंका शरीर के उस भाग में तनाव पैदा कर देती है और उस अंग में बीमारी आ जाती है। किसी कमजोर व्यक्ति के मन में यदि कोई यह वहम डाल दे कि उसे तपेदिक हो गयी है या होने की आशंका है तो आप निश्चित रूप से मान लें कि उसे तपेदिक हो जाएगी। ऐसे अनेक केस हमने देखे हैं। किसी ने कह दिया कि तपेदिक हो गयी, बस फिर शरीर क्षीण होता चला गया। कोई दवाई प्रभाव नहीं करती। रोगी सचमुच तपेदिक से ग्रस्त हो गया। जबकि पहले तपेदिक का रोग नहीं था।

यह रोग लगा वहम से। आशंका से। मन पर यह मनोवैज्ञानिक प्रभाव पड़ा और मन ने शरीर पर प्रभाव डाला। चिन्ता बढ़ गई, भूख समाप्त हो गई। ठीक से शारीरिक क्रियाएं होनी बंद। बस फिर तपेदिक तो होनी ही थी। सो यह रोग हो ही गया। आप जब मन में निराशा, आशंका, दुःख या निर्धनता के विचार करते हैं तो उसी क्षण शरीर का प्रत्येक अणु उससे प्रभावित होता है। आशा और उत्साह से भरा विचार वैसा प्रभाव डालता है। आपके मन में जैसे भाव भरे हैं, शरीर का अणु-अणु उन्हीं भावों को ग्रहण करेगा।

जो व्यक्ति हर वक्त अपने शरीर के अंगों की शक्ति पर संदेह या शक करता है उसके कार्य में त्रुटियां ही खोजता है, वह उस शरीर से क्या आशा करता है। उसका अविश्वास शरीर को प्रभावित अवश्य करता है। मन में स्वास्थ्य का विश्वास और सुझाव होगा तो जीवाणुओं की सोयी हुई शक्तियां जागृत हो जाएंगी। आशंकाएं जब मन को घेर लेती हैं और मनुष्य स्वयं को असहाय पाता है वह तब जीवन से भी निराश हो जाता है।

ऐसी स्थिति में, ऐसे अवसरों पर आप घबराएं नहीं। उन कठिनाइयों का डटकर सामना करें जो डरा रही हैं, जो आपके सामने खड़ी हैं, जो स्थाई नहीं हैं-जाने वाली हैं। मन को शान्त रखते हुए वीरतापूर्वक मन को दृढ़ बनाए हुए कहीं उसे और केन्द्रित कीजिए। खुली हवा में

ही चले जाइए । प्राणायाम से मन को शान्त कीजिए, शक्ति बटोरिए और आशंका को जड़ से उखाड़ कर फेंक दीजिए । आशंका कब घेरती है? जब आप अपना मन कमजोर कर लेते हैं । जब आपकी आत्मशक्ति कम हो जाती है । जब आत्मविश्वास नहीं होता । अतः आशंकाओं से बचने के लिए सतर्क रहना चाहिए । जब कोई आशंका निकट आए उसे तुरन्त मन से निकाल दीजिए; उसे पालिए मत । आशंकाएं और परेशानियां जब आपको चारों ओर से घेर लें, तो जो दुःखद घटना या कोई बुरी बात घटित हो सकती है, उसका सामना करें । आपको डर किस बात का है? जिस चीज का भी है उसे आप मन से निकालने का यत्न करते हैं तो आप देखते हैं कि जितना भी आप उससे दूर भागते हैं, मन को पीछे की ओर धकेलने का प्रयत्न करते हैं, उतनी ही वह बात और गहरी होती जाती है । जितना भी मन को कहीं से हटाने की सोचते हैं उतना ही मन उसके निकट होता जाता है । मनो-वैज्ञानिक इसे 'लॉ ऑफ रिवर्स इफैक्ट' कहते हैं ।

आशंकाएं हमें डंसने तब अधिक आती हैं जब हम उनके बारे में अधिक सोचते हैं, अकेले होते हैं, दुःखी और थके होते है, निराश होते हैं । अतः डरिए नहीं । आशंकाओं के बारे में किसी भी प्रकार मत सोचिए, उन्हें भुलाने या भगाने की भी न सोचें । मन को दूसरे कार्यों में उलझा दें । चेतन मन को शान्त कर स्वच्छ प्रकाश में उचित प्रकार से कठिनाइयों का सामना कीजिए ।

मन को दूसरी ओर मोड़ें:

आप मन को दूसरी ओर मोड़ने के लिए कोई भी अच्छी पुस्तक पढ़ सकते हैं। गीता, बाइबल, कुरान, रामायण, महाभारत, गुरु ग्रंथ साहिब कुछ भी । और भी पुस्तकें हो सकती हैं । रास्ता दिखाने वाली प्रेरक पुस्तकें भी पड़ी जा सकती हैं । घबराइए नहीं, आपसे भी पहले ऐसी कठिनाइयां उन लोगों के सामने आयी हैं जो आज सफलता के उच्च शिखरों पर खड़े हैं। वह भी इसी बीहड़ मार्ग से गए हैं । साहस के साथ बढ़ते रहिए, निर्भीकतापूर्वक, निश्चित होकर । अपनी पूरी शक्तियों का प्रयोग करें, इन्हें जीतें । इनसे डरकर न भागें, इन्हें हराएं, आप जीते । भय तो मृत्यु से भी नहीं करना चाहिए । मृत्यु का विचार मृत्यु से भी भयंकर है । विचार जैसे होते हैं हम वैसी स्थिति को प्राप्त करते हैं ।

यही समय की मांग है, ऐसी ही परिस्थिति है तो आप अपने प्रियजनों की सहायता ले सकते हैं । वह स्वयं आगे बढ़कर सहायता देते हैं तब भी और आपको सहायता मांगनी पड़ी है तब भी । उसमें आपकी प्रतिष्ठा को कोई धक्का नहीं लगता । वह तो तब लगता है जब सहायक सही न चुना हो या आपने किसी अयोग्य और निकृष्ट व्यक्ति से सहायता मांग ली हो । याद रहे

सहायता उनसे लेते हैं जो आपमें सभी तरह श्रेष्ठ हैं, जो समर्थ हैं, जो सफल हैं, जो पूर्ण हैं । अपूर्ण, अयोग्य, ओछे लोगों से कभी सहायता मत लीजिए ।

आप अपनी गुत्थी सुलझाने के लिए किसी अच्छे विचारक से परामर्श ले सकते हैं । अपना दुःख बांटने की गरज से अपने प्रियजनों से कह सकते हैं । आशंकाएं या भय अथवा कठिनाइयां स्थाई चीजें नहीं हैं । यह तो रास्ते में आए हुए रोड़े हैं । आप इनसे बचकर नहीं निकल सकें तो हटाकर फेंक दें । यह आपसे शक्तिशाली नहीं हैं । रास्ता बनाने के लिए लोगों ने पर्वतों को काटकर दर्रे बनाए हैं । वनों को साफ किया है । रेगिस्तानों में नहरें खोदी हैं । पत्थरों में फसलें उगायी हैं । आप भी सभी कुछ कर सकते हैं । फिर डर या आशंका कैसी? ईश्वर के पुत्र डरते हैं? नहीं!

आप ईश्वर की संतान हैं । ईश्वर के अंश हैं । आप में कुछ ईश्वरीय गुण हैं । ऐसी ही शक्तियां सोयी पड़ी हैं । आपको ईश्वर की शक्तियों पर विश्वास होना चाहिए । स्वयं पर विश्वास होना चाहिए । आत्मविश्वास से आशंकाएं डरती हैं। डर ही डरकर भागता है । अपनी और ईश्वर की शक्ति से परिचित व्यक्ति कभी आशंकित नहीं होता, कभी नहीं डरता ।

आशंकाएं चिन्ता और वहम शरीर को इतना निर्बल कर देते हैं कि मनुष्य जीवित लाश रह जाता है । आशंकाएं मन को इतना कमजोर कर देती हैं कि आप उबरने में असमर्थ हो जाएंगे । अतः वहम न पालें । चिन्ताओं से दूर रहें । चिंता तो चिता से भी भयंकर है । चिन्ता चित्त को जला डालती है । चिता तो मरे को जलाती है परन्तु चिन्ता जीवित को ही जला डालती है । आप क्यों अपना शरीर जलाना चाहते हैं? आप जलने से बचिए अपनी रक्षा कीजिए । ये चिन्ताएं, ये आशंकाएं, ये भय आपके लिए आग से भी खतरनाक हैं । विष से भी घातक हैं । आप इन्हें अपने पास फटकने ही क्यों देते हैं?

और यदि परिस्थितिवश आ धमकते हैं तो इनसे डरते क्यों हैं? आप तो इनसे अधिक शक्ति रखते हैं । आपके पास साधन हैं । आप तो भगवान के अंश हैं । भगवान की शक्तियां आपके साथ हैं । अपने आत्मविश्वास और साहस का अचूक, अमोघ अस्त्र भी आपके पास है ।

आत्मविश्वास का फल

आपका सारा ज्ञान, सारी योग्यताएं अगर आप में आत्मविश्वास नहीं है, तो व्यर्थ हैं। आत्मविश्वास के अभाव में वह आपका कहीं साथ नहीं दे सकती हैं, न ही आप इनका लाभ उठा सकते हैं।

सभ्यता के आश्चर्यजनक विकास का इतिहास उन अनगिनत ज्ञात-अज्ञात प्रयत्नों का फल है, जो मुसीबतों से लड़कर मनुष्य को पाषाण युग से निकालकर रॉकेट युग में ले आईं। इन कर्मठ लोगों ने जो कष्ट उठाए होंगे, मुसीबतें सही होंगी, क्या आप उनकी कल्पना कर सकते हैं? इन लोगों ने बीहड़ जंगलों और भयंकर जीवों से भरी अनगढ़ धरती को कैसे संवारा होगा और इस योग्यता के साधन खोजे कि मनुष्य सुख से रह सके। यदि यह कर्मठ लोग अपनी मूक साधना में न लगते तो क्या आज मनुष्य का यह रूप होता, सभ्यता के यह सारथी अपनी धुन के पक्के थे। उनमें अदम्य इच्छा शक्ति थी। वह बराबर संघर्ष करते रहे और प्रत्येक बाधा पर विजय प्राप्त कर मनुष्य को सुखी बनाने के साधन खोजते रहे।

फ्रांस के बहुत बड़े जनरल ने एक बार अपने सिपाहियों को संबोधित करते हुए कहा था-"हमें तब तक अपने आपको मनुष्य कहलाने का हक नहीं है, जब तक कि हम अपने आप में दुनिया की हर मुसीबत पर विजय प्राप्त कर लेने की क्षमता हासिल नहीं कर लेते" अपनी कार्यक्षमता के बल पर मनुष्य क्या नहीं कर सकता है। सफलता घर बैठे नहीं मिलती। सफलता प्राप्त करने के पहले दृढ़ आत्मविश्वास आवश्यक है। इस विराट ब्रह्मांड की कार्यप्रणाली अपूर्व अद्भुत ढंग से सुनियोजित है। प्रकृति स्वयं हमें इस बात की शिक्षा देती है कि सफलता का भेद क्या है? किसी पेड़ के उगने से पहले उसका बीज पड़ना, डालना आवश्यक है।

इसी प्रकार सफलता प्राप्त करने के लिए उसका बीज डालना पड़ता है। आपका सारा ज्ञान, सारी योग्यताएं अगर आप में आत्मविश्वास नहीं है, तो व्यर्थ हैं। आत्मविश्वास के अभाव में वह आपका कहीं भी साथ नहीं दे सकती हैं, न ही आप इनका लाभ उठा सकते हैं। इनका रूप माला में पिरोये मोतियों के समान होता है, जो जहां-तहां बिखरते हुए नजर आते हैं। आत्मविश्वास सभी प्रक्रियाओं की चेतन-प्रेरणा के रूप में माना गया है। आपके आस-पास ऐसे लोग अवश्य होंगे, जो निरन्तर औरों की क्षमताओं, कार्यों के बारे में टीका-टिप्पणी करते रहते

हैं । बिना बात के मीन-मेख निकालने वाले लोग वास्तव में आस्तीन के सांप होते हैं । आप इनके बकने की परवाह न करें । इनके भला-बुरा कहने से भला आप पर क्या असर पड़ सकता है।

इस प्रकार के लोग न केवल आपका बल्कि सभी का मजाक उड़ाया करते हैं, पर लोग सबको अपनी बेवकूफी का शिकार बनाया करते हैं । आप उनकी बातों पर बिलकुल ध्यान न दें । उन पर ध्यान देते ही आप अपना आत्मविश्वास खो बैठेंगे । इनकी ओर उपेक्षा से एकदम पीठ कर दीजिए । अपना आत्मविश्वास कायम रख अपना कार्य बराबर करते जाएं । इस बात को आप समझ लें कि चोरी गया धन मिल सकता है, कठिन से कठिन रोग का इलाज मिल सकता है, पर अगर आत्मविश्वास खो गया तो, वह न मिलेगा । आत्मविश्वास सफलता की एक सबसे बड़ी शक्ति है । लोगों से बचिए । अपने काम में बराबर लगे रहिए ।

दृढ़ संकल्प:

दुनिया खुद नहीं बदलती है । दुनिया को बदलना पड़ता है । जब आप दुनिया को बदलने की कोशिश करेंगे, तो यह सब होगा ही । दुनिया का कोई ऐसा कार्य नहीं है, जो मनुष्य नहीं कर सकता है । मनुष्य सब कुछ कर सकता है । अब इस बात के सारे प्रमाण हैं । दुनिया का कोई ऐसा ऐश्वर्य नहीं है, जो मनुष्य प्राप्त नहीं कर सकता है । अगर उसमें आत्मविश्वास है, इसके बाद दृढ़ संकल्प है, तो वह सब कुछ कर सकता है । साहस और संकल्प से क्या नहीं हो सकता है । एक बार एक संदेशवाहक नेपोलियन के पास इतनी तेजी के साथ घोड़े पर बैठकर संदेशा लाया कि घोड़ा नेपोलियन के सामने उतरते ही गिर कर मर गया, पर उस सैनिक ने एकदम निश्चित भाव से सीधे नेपोलियन के हाथ पर संदेशा ले जाकर रखा । नेपोलियन ने भी तुरन्त जवाब लिखा ।

बोला-"अभी लेकर जाओ ।"

सिपाही मान गया ।

वह मुड़ा । मरे घोड़े को एक क्षण देखा । फिर आगे बढ़ गया ।

"जरा रुको ।"

वह रुक गया ।

"तुम मेरा घोड़ा लेकर जाओ"-नेपोलियन बोला ।

सैनिक अचकचा गया । नेपोलियन का घोड़ा फ्रांस का सर्वश्रेष्ठ घोड़ा था । उसने घबराकर कहा-"आप...क्या कह रहे हैं !"

"यही । तुम मेरा घोड़ा लेकर जाओ ।"

सिपाही नेपोलियन के ही घोड़े पर गया । जब वह लौटकर वापस आया तो नेपोलियन ने उसे कैप्टन बना दिया । मनुष्य को अपनी कर्मठता का पुरस्कार इसी प्रकार अचानक मिलता है । घोड़ा गिरकर मर गया, पर वह घुड़सवार जरा भी विचलित नहीं हुआ था । उसने सबसे पहले नेपोलियन को पत्र दिया । यह उसकी कर्मठता का प्रमाण था । जब तक आप एकाग्र मन में इसी प्रकार कर्मठ बने रहेंगे, तब तक आपको सफलता मिलती रहेगी । आपको अपना आत्मविश्वास पूरा बनाना होगा । आत्म विश्वास के अभाव में मनुष्य बौने के समान है ।

बौना मन जब विचारों में आ जाता है, तो आदमी कभी उठ नहीं सकता । फिर वह हर सुख को अपनी पहुंच के बाहर मानने लगता है । वह अपने-आपको उन सौभाग्यशालियों में से एक मानने लगता है, जो ऐश्वर्य का उपभोग करने के लिए जन्म लेते हैं । ऐसा सोचना कितना हानिकारक है, इसका अनुमान सिर्फ इसी बात से लगाया जा सकता है कि ऐसे विचार मात्र ही मनुष्य को ऊंचाई तक जाने से रोक देते हैं । खुद अपने पैरों पर इस तरह की बातें सोचकर कुल्हाड़ी मारना कहां तक उचित है! क्या ऐसा आदमी कभी प्रगति कर सकता है?

कुछ लोग हमेशा यह सोचते रहते हैं कि उनका सितारा ही गर्दिश में है । इस प्रकार के लोग जो सफलता को केवल भाग्य का खेल मानते हैं, अपने सितारे उनको गर्दिश में हमेशा नजर आते हैं, इस कारण वह अपनी सारी उम्र में सफलता प्राप्त नहीं कर सकते हैं और केवल सितारों के नाम पर ही रोते रह जाते हैं । वह अपने व्यक्तित्व का सही उपयोग नहीं कर पाते हैं । अपने हाथों से वह अपना स्वर्णिम भविष्य बर्बाद करते हैं ।

एक गरीब नवयुवक था । जब वह बीस साल का था तो मां मर गई । इक्कीसवें साल में पिता मर गया । चाचा ने पालन-पोषण किया तो वह बीमार पड़ गए । वहम हो गया । वह मनहूस है । उसे घर से निकाल दिया गया । जब वह नौकरी की तलाश में दरदर भटक रहा था, तो एक शाम दुर्घटना में पड़ गया । घायल होकर अस्पताल में पड़ा रहा । निकला तो नौकरी मिली, पर दो दिन बाद ही चोरी का इल्जाम लग गया, परेशान हो गया । बार-बार सोचने लगा, क्या वह सचमुच इतना मनहूस है? उसके मन में शंका आ गई । बहुत रोया । तीसरे दिन रात में पार्क में सोया पड़ा था । पुलिस पकड़ कर ले गई । चोर बताकर मुकदमा चल गया । जेल गया पर प्रमाण के अभाव में एक बार वह छूट गया । अचानक उसने मन से यह भावना निकाल दी कि वह मनहूस है । उसने अपने में अच्छे विचार लाना शुरू कर दिए और मजदूरी करने लगा । कुछ पैसे जुटाकर उसने एक दुकान खोल ली । फिर कारोबार बढ़ाता गया । वह मनहूस युवक मैनचेस्टर की सबसे बड़ी कपड़ा मिल का मालिक बन गया । अगर वह अपने मन में इस बात का विश्वास जमाए रखता कि वह मनहूस है, एक के बाद एक इस प्रकार की

घटनाएं हो रही थीं, तो क्या वह सफलता प्राप्त कर सकता था? उसने अपना पिछला स्वर्णमय जीवन खो दिया था । मनुष्य के जीवन में घटने वाली घटनाओं को भाग्य का प्रतीक मानकर हम अपनी सफलता का मार्ग स्वयं बन्द करते हैं ।

जीवन में घटने वाली किसी भी घटना का भाग्य से कोई संबंध नहीं होता है। घटनाएं होती रहती हैं, पर इन घटनाओं के प्रभाव में आकर अपना आत्मविश्वास नहीं खोना चाहिए । आत्मविश्वास बनाए रखें । घटनाएं तो घटती ही रहेंगी । जब तक आपका आत्मविश्वास है, तब तक आप बराबर कार्यरत रहेंगे । वास्तव में आप अपने भाग्य का स्वरूप निर्धारण करते हैं । अगर हमें अपने आप पर विश्वास है, तो हम उस सारथी के समान हैं जिनका अपने रथ के घोड़ों पर पूरा नियंत्रण होता है। आत्मविश्वास के कारण हम अपनी तमाम शक्तियों को अपने नियंत्रण में रख सकते हैं । आपने किस्से-कहानियां तो जरूर सुनी होंगी । इनमें से एक किस्सा हातिमताई का मशहूर है ।

जिक्र आता है कि हातिम को देखकर पहाड़ नदियां रास्ता छोड़ दिया करती थीं । पता नहीं यह बात कितनी सच है, पर यह शत-प्रतिशत सच है कि अपने आत्मविश्वास के बल पर मनुष्य मुसीबतों के पहाड़, दुःखों की नदियों के बीच भी रास्ता बना सकता है । दुःख-मुसीबत की नदी पहाड़ आत्मविश्वास के आगे झुक-हट जाते हैं । अपना आत्मविश्वास कायम रखिए । सफलता आपके पास आकर रहेगी । केवल आत्मविश्वास ही आपका जीवन बदल सकता है । आप सब कुछ पा सकते हैं । दुनिया के इतिहास में इसके प्रमाण भरे पड़े हैं । आत्मविश्वास मनुष्य को सफलता की उच्चतम श्रेणी तक ले जाता है ।

परिस्थितियों का विश्लेषण:

आप अपना कार्य चुन लीजिए । काम चुनना सबसे पहली और जरूरी बात है । काम चुनने के बाद परिस्थितियों का, समस्याओं का, भले-बुरे का विश्लेषण कर डालिए । इस विश्लेषण में अगर कुछ ऐसी बाधाएं आती हैं कि आपका मन घबरा जाता है या उलझन आ जाती है, तो घबराइए नहीं । किसी कार्य को अपना लक्ष्य बनाते समय कुछ ऐसी समस्याएं आ सकती हैं, जिनका कोई हल आपके पास न हो, न सूझ रहा हो, पर केवल इसी कारण कार्य को तथ्य बनाना न छोड़ दें । समस्याओं का हल न सूझने के बाद भी आप प्रयत्न तो शुरू कर दें । एक समय ऐसा आएगा कि सारी समस्या हल हो जाएगी । कार्य का निश्चय करने के बाद कमर कसकर काम में जुट जाइए । इस बात का पक्का फैसला कर लीजिए कि कोई ताकत आपको अपना इरादा बदलने के लिए विवश नहीं कर सकती है ।

यह निश्चय आपको एक अपूर्व बल देगा । आत्मविश्वास व्यक्ति को फौलादी बना देता है । आपके क्रिया-कलापों में दुगुनी शक्ति आ जाएगी । याद रखिए आत्मविश्वास मन का सेनापति है । सेनापति जब उत्साह से भर जाता है, तो फिर उसकी सेना का संचालन तीव्र वेग से होता है बाधाएं हार मानकर पराजय स्वीकार कर भाग जाया करती हैं । साहस हमारी साथी शक्तियों को संचालित करता है । बहुत से लोग केवल इसलिए असफल हो जाते हैं कि वह अपनी सारी क्षमताओं का उपयोग नहीं कर पाते हैं । उनमें उस तरह का आत्मविश्वास नहीं होता, जो सारी पूंजी एक बार ही दांव पर लगाकर मिलता है । उनके मन में कहीं न कहीं कोई शंका अवश्य छिपी रहती है । जिनको अपनी क्षमताओं पर विश्वास होता है, वह सभी प्रकार की बाधाएं दूर कर जाते हैं । उनको कोई शिकायत नहीं होती । वह हर संकट, अभाव का सामना करते हैं ।

हमारा अपना मन हमारी क्षमताओं का मानदण्ड है ।

यदि मन दुर्बल होगा-तो हमारी क्षमताएं भी दुर्बल होंगी ।

बुझता या टिमटिमाता दीपक भला अन्धकार में मार्ग दिखला सकता है?

नहीं । वह हवा का एक झौंका भी नहीं सह सकता ।

भय, शंका, कायरता को मन से निकाल देना चाहिए । शक्ति महत्त्वाकांक्षा को उदात्त रूप से कार्यशील बनाती है । हमारे सामने हमारे लक्ष्य स्पष्ट होने चाहिए और फिर विश्वास दृढ़ होना चाहिए । हमारे विचार ही हमारे व्यक्तित्व के अंश हैं । यदि विचार हमारे मन की गहराइयों से मथ नहीं निकलते हैं, तो हमारा व्यक्तित्व प्रेरणा प्राप्त नहीं कर सकता है । आज दुनिया की तमाम महत्त्वपूर्ण उपलब्धियां कल तक असंभव के समान थीं । इन स्वप्नों को कितनी कठिनाइयों और कैसे-कैसे संघर्षों के उपरान्त जीकर लोगों ने पूरा किया है, इसकी कल्पना तक रोमांचक है । हवाई जहाज बनाने वाले जेपलीन को सारे लोग पागल कहते थे । उसको देखकर बच्चे तालियां बजाते थे कि देखो पागल जा रहा है । उसके भाई की भी यही दशा थी, लोगों का अटूट विश्वास इस बात का था मनुष्य कभी हवा में नहीं उड़ सकता है, पर जब जेपलीन ब्रदर्स उड़े तो दुनिया हैरान रह गई । आकाश में उड़ने की कौन कहे, अब तो मनुष्य चन्द्रमा पर भी पैर रख आया है । यह सब महापुरुष अगर हाथ पर हाथ रखकर बैठ जाते तो क्या होता? बैठकर देखने से कोई काम नहीं बनता है । वह तमाम लोग जिन्हें अपने सपनों, अपने आदर्शों को सत्य में बदलना था, बैठे, रुके नहीं । वह बराबर तेज गति से चढ़ते-बढ़ते गए। आखिर एक दिन वह सफलता प्राप्त करके रहे।

अदम्य आकांक्षा:

सपने देखना प्रत्येक आदमी के लिए स्वाभाविक है । आदमी का हवा में किले बनाना स्वाभाविक है । इन किलों के नक्शों को दिमाग के कागज पर से यथार्थ की धरती पर उतारना केवल जीवट पुरुषों का कार्य है । दुनिया के समस्त कर्मठ लोगों को सफलता बैठे-बैठे नहीं मिली ।

वह बराबर लगे रहे । क्या-क्या कष्ट उनको नहीं उठाने पड़े । क्रमबद्ध प्रयत्न ही सफलता को नजदीक करते हैं । जब किसी वस्तु को प्राप्त करने की अदम्य आकांक्षा होती है, तो फिर उसको प्राप्त करने के लिए क्रमबद्ध योजना बनाकर ही चलना पड़ता है । खान से लोहा निकाल लेना ही काफी नहीं है । उसे उपयोगी बनाने के लिए गलाना-गढ़ना पड़ता है । सोना जब तपाया जाता है, तभी वह और चमक कर कुंदन बनता है । इसी तरह परिश्रम करने से ही सफलता मिलती है । कुछ लोग पर्याप्त बुद्धिमान होते हुए सफल नहीं हो पाते हैं । उनको देखकर, उनसे मिलकर आपको आश्चर्य होता है कि वह सफल क्यों नहीं है । आखिर क्यों?

आप देखेंगे कि उनमें कार्यशक्ति का अभाव है या अपना कार्य यह बड़े बेतरतीब ढंग से करते होंगे । इस कारण सफलता प्राप्त करना उनके लिए कठिन हो जाता है । वास्तव में कार्यशक्ति का तरतीबवार ढंग से उपयोग करना ही आदमी को सफल बनाता है । कार्यशक्ति का उचित उपयोग ही मनुष्य को उसका फल देता है । अपना मन कार्यशक्ति के सांचे में ढालने के बाद ही कुछ प्राप्त किया जा सकता है । कार्यशक्ति का अपना महत्त्व है । कुछ लोग काम करने की लालसा को घमंड मानते हैं । संकोच या दब्बूपन से काम नहीं चलता है । इस कारण कार्यशक्ति की लालसा घमंड का प्रतीक बन जाया करती है, पर कार्य शक्ति को अहंकार नहीं कहा जा सकता । अहंकार ओछेपन की निशानी है । कार्यशक्ति मनुष्य को अदम्य साहस देती है । अपने मन में कभी भी अनिश्चय न रखें । अनिश्चय सदा शक्तियों को एक नहीं होने देता है । इस कारण आप अपना कार्य नहीं कर सकते हैं । निश्चय ही सारे संकल्पों को एक स्थान पर एकत्रित कर पूरी शक्ति देता है और मनुष्य तब उसमें सफलता प्राप्त कर लेता है । योजनाएं, निर्णय, शक्ति, सत्ता का उपयोग केवल निश्चय के ही हुआ। धार पर किया जा सकता है । निश्चय मनुष्य का सोया विश्वास जगा देता है ।

निश्चय का स्पर्श करते ही प्रतिभा जी उठती है । उसका रूप-रंग निखार पर आ जाता है । तब मनुष्य बड़ी से बड़ी स्थितियों का सामना करने में सक्षम हो जाता है । इसी निश्चय ने कोलम्बस से अथाह सागर पार कराया । इसी निश्चय ने नेपोलियन से आल्पस पर्वत पार कराया । इसी निश्चय से एडमंड हिलेरी और तेनसिंह माउंट एवरेस्ट पर चढ़ गए । दुनिया के

सभी महा-पुरुषों ने निश्चय के बल पर ही विपत्तियों का सामना किया । निश्चय के बल पर ही वह बार-बार टूटने के बावजूद विपत्तियों से लड़ते रहे और निश्चय के बल पर ही सफलता को प्राप्त किया । निश्चय आत्मविश्वास से आता है । अपना आत्मविश्वास जगाकर निश्चय करिए । सब ठीक हो जाएगा । कोई भी बाधा आपकी राह नहीं रोक सकती । अपना निश्चय-निर्णय करें । उस पर लग जाएं । सफलता को आपके पास आना पड़ेगा ।

हम हीन तभी होते हैं, जब अपने आपको निश्चय से डगमगा लेते हैं या हमारा निश्चय कमजोर पड़ जाता है । ऐसा करने से सफलता हमारे पास से कोसों दूर भाग जाती है । एक बार जो निश्चय आप कर लें, उस पर एकदम अडिग रहें । जरा भी न हिलें । आपके निश्चय की परीक्षा लेने के लिए एक से एक बाधाएं आएंगी । एक से एक समस्याएं और मुसीबतें खड़ी होंगी । आप डगमगा गए, तो गए । आपका निश्चय जरा भी न डोले । सफलता आपके पास आने से पहले आपकी हर तरह से परीक्षा लेती है कि आप उसके योग्य हैं या नहीं? जब वह खूब परख लेती है, तब आपके पास आती है ।

डिजरायली का कथन है-सफलता प्राप्त करना एक जीवन को प्राप्त करना है। अतएव एक नये जीवन से जन्म की प्रसव पीड़ा को तो भोगना ही पड़ेगा सफलता बहुत बलिदान मांगती है । डिजरायली का आगे कहना है-निश्चय सुदृढ़ है तो सफलता भी निश्चित है। मेरे दोस्त, संकल्प ठानी । आत्मविश्वास जगाओ । निश्चय करो । और आगे बढ़ो । सफलता तुम्हारे पास अवश्य आयेगी। एक बार निर्णय कर लेने पर विश्व की कोई सत्ता दृढ़ निश्चयी व्यक्ति को नहीं रोक सकती है । वैसे अपने आपको महान समझने की बात कई बार बड़ी अटपटी सी लगती है, लेकिन यदि गहराई से सोचा जाए तो इसमें किसी भी प्रकार की विचित्रता नहीं है । कोई काम तभी आरंभ किया जा सकता है, जब करने वाले को इसका पूरा विश्वास हो कि वह उस काम को पूरा कर सकता है।

सतत् प्रयत्न:

महान लक्ष्य प्राप्त करने की प्रेरणा उसके मन में आ सकती है, जो दृढ़ निश्चय के साथ-साथ अपने कंधों पर समझदार सिर रखता हो । कोई भी व्यक्ति अपने आप पर भरोसा किए बगैर आगे नहीं बढ़ सकता है । योग्यता बिना सारे आदर्श थोथे हैं । आपको शुरू में कहा जा सकता है कि आप इतने योग्य नहीं हैं, पर ऐसी बात नहीं है । जब आप दृढ़ निश्चय और आत्मविश्वास के बल पर कार्य में लग जाएंगे तो अवश्य ही सारी योग्यताएं आप में आ जाएंगी । परिस्थितियां आपको सब कुछ सिखला देती हैं । रस्सी के बार-बार आने-जाने से पत्थर पर भी निशान बन जाया करते हैं । जीवन की समस्त उपलब्धियों या सफलताओं का उद्गम निश्चय इच्छा शक्ति से

होता है । जो इच्छा आपके मन में होगी, उसमें आप रात दिन अनुप्राणित रहेंगे । वह आपके व्यक्तित्व का एक अंग बन जाएगी ।

सतत् प्रयत्न किसी भी इच्छा को अधूरा नहीं रहने देते हैं । यह मशहूर है कि चाह में तगड़ी शक्ति होती है । अंग्रेजी की कहावत मशहूर है कि-Where there is a will, there is a way. अर्थात जहां चाह है, वहां राह है । एक के बाद कार्य शक्ति जब चरम गति पर आ जाती है, तो उसके आकर्षण से सभी इच्छित कार्य संपन्न होते चलते हैं । जब भी आप किसी व्यक्ति को सफल पाएंगे तो आपको पता चलेगा कि उस सफलता के लिए उसके सारे प्रयत्न उत्तरदायी थे । उसने समग्र रूप से अपने को समर्पित रखा था । अनचाहे कार्यों के द्वारा दाल रोटी तो चल सकती है, पर सफलता या इच्छापूर्ति होना कठिन है । अपनी शक्तियों का सही मूल्यांकन कर वातावरण को अपने अनुकूल ढाल लेने की कला का प्रथम चरण आत्मविश्वास की कक्षा में मिलता है ।

अपने पर विश्वास रखो ।

अपनी शक्तियों पर भरोसा रखो ।

याद रखो । तुम्हारे भीतर वह शक्ति है जो एक बार जानने पर मनुष्य को न ईमानदार, मेहनती वरन् सफल और सुसंस्कृतज्ञ बना देती है । विश्वास आत्मा की उन अनंत सम्भावनाओं के द्वार खोल देता है, जो हमें उच्च से उच्च स्तर की ओर ले जाता है । हमारी शक्तियां सहस्र गुनी हो जाया करती हैं । भय के कुहरे से ढके पथ, आशंकाओं के अंधकार में लुप्त क्षमताएं, किंकर्तव्यविमूढ़ हो गयी प्रयत्नशीलता, सब कुछ आत्मविश्वास की किरणों में जगमगाने लगता है । विश्वास कभी हार नहीं मानता है ।

आपका अपना जीवन कल्याणमय हो सकता है, जब आप अपने में आत्मविश्वास पा लेते हैं और प्रयत्नशील हो जाते हैं । विश्व के इतिहास में इस प्रकार के अनगिनत उदाहरण भरे पड़े हैं, जब सब कुछ खो जाने पर, छूट जाने के बावजूद लोगों ने अपना लक्ष्य पा लिया और जीवन सफल बना गए । आपमें भी बड़ी शक्ति है । अपना लक्ष्य बनाइए और अपनी दिशा की ओर चल पड़िए । किसी बात का अभाव महसूस न करें और तब देखें कि सफलता आपके पास कैसे नहीं आती है? कुछ समय के बाद आप अपने आप में एक परिवर्तन पाएंगे । उठिए । जागिए । सफलता आपकी ओर आ रही है । उसका स्वागत करने के लिए तैयार रहिए ।

कितना जरूरी है आत्मविश्वास

आत्मविश्वास के द्वारा ही असंभव प्रतीत होने वाले कार्य संभव हो जाते हैं । यदि मानव में समीचीन विचार-शक्ति तो संसार में सदा विश्वास का ही शासन होता ।

विश्व महायुद्ध के शूरवीर सैनिकों के विषय में श्री ब्राइस ने लिखा है-हम जिन नवयुवकों को अत्यंत साधारण समझ रहे थे, युद्ध में उनके अद्वितीय कारनामे सुनकर बड़ा अचरज हुआ । उदाहरणतः एक नवयुवक ने, जो स्कूल में बड़ा ढीला-ढाला था और क्लास में प्रायः अनुपस्थित रहा करता था, नौसेना में भर्ती को होने का प्रयत्न किया; पर वह मेडिकल परीक्षा में अयोग्य घोषित कर दिया गया । उसने बहुत यत्न किया, परन्तु वह सफल न हो सका । पता नहीं कैसे, कुछ दिनों बाद वह सेना में स्थान पाने में सफल हो गया । यह समाचार सुनकर उसके सभी परिचितों को आशंका होने लगी कि वह कुछ ही दिनों में रणक्षेत्र से वापस आ जाएगा । परन्तु उसने भयानक युद्ध क्षेत्र में ऐसे विकट साहस का प्रदर्शन किया कि सब सुनकर अचम्भे में रह गए । वही नवयुवक, जो कुछ दिनों पहले अयोग्य एवं अकर्मण्य माना जाता था उसने एक बार जलते हुए एक बम को उठा कर खाई से बाहर फेंक दिया और दूसरी बार भीषण गोली-वर्षा में जान पर खेल कर अपने एक साथी की प्राण-रक्षा की ।

ऐसे कई नवयुवक जीवन में बड़े वैसे दीखते हैं, जो अकस्मात किसी कार्य में अद्वितीय रूप से सफल होकर चकित कर देते हैं । भले ही वह दूसरों से कम योग्यता रखते हों, परन्तु उनका आत्मविश्वास उन्हें दूसरों से अधिक सफल बना देता है । सफलता की ऊंची चोटी पर चढ़ने में उनका आत्मविश्वास सच्चा सहायक सिद्ध होता है । आत्मविश्वास के द्वारा ही असंभव प्रतीत होने वाले कार्य संभव हो जाते हैं । यदि मानव में समीचीन विचार-शक्ति होती तो संसार में सदा विश्वास का ही शासन होता । मानव अपना मूल्यांकन, अपनी शक्ति के अनुसार न कर, अपनी दुर्बलता के अनुसार करता है । वह अपना महत्त्व विजय से मापने की बजाय अपनी पराजय से मापता है । बहुत से लोग अपनी विजय की आकांक्षाओं को केवल स्वप्न समझते हैं, वह उन्हें अपने जीवन का एक अंग नहीं बना पाते । ऐसे लोग जीवन में आगे नहीं बढ़ पाते ।

वास्तविक सामर्थ्य तो विश्वास द्वारा उत्पन्न होता है । मनुष्य उसी की सत्ता से असंभव को संभव बनाता है ।

सामर्थ्य एवं विश्वास का अभाव:

ऐसे अनेक उदाहरण हैं जब लोग सामर्थ्य होते हुए भी विश्वास के अभाव के कारण असफल हो गये । युद्ध-क्षेत्र में मोर्चे पर डटे एक वीर का यह कथन जीवन-संग्राम में लगे मनुष्य के लिए अत्यंत महत्त्वपूर्ण है-रण में बंदूक नहीं लड़ती, उसे थामने वाले सैनिकों का हृदय लड़ता है और हृदय भी नहीं, उस हृदय का विश्वास लड़ता है । युद्ध के दिन थे । राज्य की ओर से प्रत्येक मनुष्य को बंदूक दी गई थी । एक मनुष्य बंदूक उठाकर अपने मकान की छत पर जा बैठा । अकस्मात मकान के नीचे एक शत्रु आया और उसने उसको ललकारा । वह बोला-बंदूक उधर फेंको, अन्यथा अपनी लाठी से तुम्हारा अंग-अंग तोड़ दूंगा । बंदूक वाला मनुष्य कांप उठा । उसने नीचे लाठी धारी शत्रु को देखा । हाथ में बंदूक होते हुए भी साहस के अभाव के कारण उसके हाथों से बंदूक खिसकी और लाठी-धारी के पास जा गिरी । उसने हंसकर बंदूक को उठा लिया, और पहली बोली उस बंदूक के स्वामी की छाती में दाग दी ।

गोलियथ जब इजराइलियों के शिविर में पहुंचकर उन्हें लड़ने के लिए ललकारने लगा, उसकी ललकार सुनकर सब कांप उठे और आगे बढ़कर गोलियथ से जूझने का किसी में साहस नहीं हुआ । जब गोलियथ ने दोबारा उन्हें चुनौती दी, तब डेविड नामक एक साधारण नवयुवक उससे जुझने को उतारू हो गया । जब उसने आगे कदम बढ़ाया, तब उसे कई शस्त्र दिए, परन्तु डेविड ने यह कहकर उन शस्त्रों को लौटा दिया इस शस्त्रों का प्रयोग करने की मुझे आदत नहीं । मेरे लिए यह किसी काम के नहीं हैं, मैं अपने हथियार द्वारा युद्ध करूंगा । मार्ग से कुछ पत्थर उठाकर और अपना धनुष साधकर वह युद्ध करने के लिए आगे बढ़ा । उधर गोलियथ अपने भारी शस्त्रास्त्रों से लैस था । उस निःशस्त्र नवयुवक को युद्ध के लिए आगे बढ़ता देखकर गरज उठा-"आओ! मेरे सम्मुख आओ, मैं तुम्हारे टुकड़े कर डालूंगा ।"

डेविड ने असीम साहस-भरा उत्तर दिया-"मेरे सम्मुख तुम ढाल और खड्ग लेकर आए हो, परन्तु मैं भी अपने साथ एक अपराजेय शस्त्र लेकर आया हूं-वह शस्त्र है इजराइल का दृढ़ विश्वास । उसी की शक्ति के बल पर मैं तुम्हें हरा दूंगा ।" डेविड को अपने शत्रु की भांति बाहरी शस्त्रास्त्रों का सहारा न था, उसे परमात्मा की शक्ति पर विश्वास था । उसी की सामर्थ्य से उस महा रथी को पछाड़ने में सफल हुआ । वह विश्वास के कवच से सुरक्षित था । देखते-देखते उसके धनुष से छूटे पत्थर के एक ही टुकड़े ने गोलियथ के माथे को छिन्न-भिन्न करके उसका

काम तमाम कर दिया । सफलता की यदि कोई कुंजी है तो वह विश्वास है । विश्वास के अभाव में विजय असंभव है । विश्वास को दृढ़ कीजिए, सफलता आपके पैरों में लोटेगी ।

किसी भी विजेता की ओर ध्यान दीजिए । उसकी जीत का रहस्य उसका अटल विश्वास है । संसार का चमत्कार विश्वास ही है । मानव की संपूर्ण सफलताओं का भवन विश्वास के आधार पर ही टिका हुआ है । विश्वास के बल पर उस कार्य में आप भी सफल हो सकते हैं । आत्मविश्वासी मनुष्य के लिए कौन-सा कार्य असंभव है? आत्मविश्वास को जागृत करके हम अपना बल दुगुना कर लेते हैं । आत्मविश्वास के बल पर कहे हुए शब्द सहस्रों लोगों में उस विश्वास का संचार कर सकते हैं, जिसके बल पर वह भयानक-से-भयानक संकट में भी पर्वत के समान अटल रहे । सर्वशक्तिमान भगवान के प्रति विश्वास न हो तो मानव वह कदापि नहीं बन सकता, जो बनने की आकांक्षा रखता है । ऐसे व्यक्ति की संपूर्ण प्रार्थनाएं शून्य से वापस लौट आती हैं । कितना ही परिश्रम किया जाए अविश्वास ऐसा घातक शत्र है, जिसके द्वारा सफलता की संभावनाएं मिट जाती हैं ।

जिस प्रकार धरती से ऊपर को फेंका हुआ पत्थर अन्तरिक्ष में नहीं पहुंच सकता । उसी प्रकार अविश्वासी मन जीवन के उच्च लक्ष्य-स्थल तक नहीं पहुंच सकता । पत्थर ऊपर जाता हुआ, गुरुत्वाकर्षण के नियम को तोड़ता है और अविश्वासी अपनी सफलता पर संदेह कर जीवन के नियम को तोड़ता है । आत्मविश्वासी एवम् आत्मविश्वास से रहित मनुष्य में धरती और आकाश का अंतर है । आत्मविश्वास से रहित व्यक्ति का जीवन निरन्तर पराजय की ओर रहता है । आत्मविश्वासी मनुष्य का जीवन अविराम गति से विजय की ओर अग्रसर होता रहता है । संसार में जो भी महान कार्य हुए हैं, सब आत्मविश्वास के बल पर हुए हैं । जिन लोगों को अपनी शक्तियों पर विश्वास नहीं, वह न तो शक्ति प्राप्त कर सकते हैं और न ही लक्ष्य में कृतकार्य हो सकते हैं ।

एक नवयुवती अपने पत्र में लिखती है-मैंने अपने जीवन में निरंतर भूलें की हैं । मुझे प्रत्येक कार्य में असफलता का मुंह देखना पड़ा है । मुझे कभी भी अपने ऊपर भरोसा नहीं हुआ, शायद भविष्य में भी नहीं । उस नवयुवती की असफलताओं का कारण उसमें आत्मविश्वास का अभाव है । संशयात्मा सदा विफल और अन्त में बुरी तरह नष्ट होता है । इसी प्रकार निराशापूर्ण व्यक्ति भी किसी कार्य में सफल नहीं हो सकता । उन्नति करने वालों के सबसे पहले हृदय के अंदर ही सफलता का बीजारोपण होता है । अधूरे आत्मविश्वास के कारण मनुष्य अपने जीवन को नष्ट कर डालते हैं । नेपोलियन अथवा वैब्स्टर जैसे महापुरुषों को भी यदि अपनी योग्यता

पर विश्वास न होता तो वह भी कुछ न कर पाते । विजय पर अटल विश्वास, अपने सामर्थ्य पर अटूट निष्ठा, सफलता की पहली शर्त है ।

जैन एडम्स कालेज छोड़कर आई तो उसकी देह को देखने के बाद डाक्टरों ने कहा था कि वह छह मास से अधिक नहीं जिएगी, पर जैन एडम्स के सम्मुख एक उद्देश्य था । वह डाक्टरों की परवाह किए बिना अपने उद्देश्य की पूर्ति में जुट गई । वह अनेक वर्ष जीवित रही और मानव-कल्याण के लिए 'इल-हाउस' की स्थापना में सफल हुई । एक मनुष्य सर्वथा क्षीणकाय और निर्बल था । उसे एक मनोवैज्ञानिक ने मंत्रमुग्ध कर उसमें ऐसा आत्मविश्वास जगाया कि वह सात-आठ लोगों को अपने शरीर पर बिठा सकने में सफल हुआ । उसमें यह असामान्य असीम शक्ति कहां से आई? उत्तर है कि मनोवैज्ञानिक ने उसमें जो विश्वास की भावना भर दी थी, उसी के बल पर वह ऐसा कर सका । इसके बाद जब उसे कह दिया गया कि उसमें बोझ उठाने की शक्ति नहीं, तो वह विश्वासहीन हो गया और तुरन्त ही धरती पर गिर पड़ा ।

हम आत्मविश्वास के बिना प्रगति के पथ पर आगे नहीं बढ़ सकते । हमारी सफलता हमारे आत्मविश्वास के आगे नहीं जा सकती । वह तो आत्मविश्वास का अनुसरण करती है । हमारे संकुचित विचार हमें अपने सीमा-बंधन में बांधे रखते हैं । उन्हें लांघकर जब तक हम विश्वास के राज्य में पग नहीं धरते, हम अपनी आशा-आकांक्षाओं के स्वप्न को पूरा नहीं कर सकते । मगर एक मनोवैज्ञानिक शेक्सपियर अथवा वैब्स्टर को भी यह विश्वास दिला देता है कि वह मूर्ख है । प्रश्न यह है कि मनोवैज्ञानिक की बात को मानने की शक्ति मनुष्य में कहां से आती है? मनोवैज्ञानिक क्या उस व्यक्ति पर जादू कर देता है? वास्तव में शक्ति तो मानव के भीतर है; मनोवैज्ञानिक तो उस शक्ति को बाहर प्रकट कर देने-भर का कार्य करता है । किसी पहलवान की शक्ति केवल उसके पुट्ठों में नहीं रहती, उसके अन्तःकरण से आती है । उसके हृदय से यदि उन मांस-पेशियों का संबंध काट दिया जाए तो उसमें उसकी दशांश शक्ति भी बाकी न रहे । ज्यों-ज्यों आत्मविश्वास में वृद्धि होती है, त्यों-त्यों कार्य करने में सामर्थ्य भी बढ़ता जाता है ।

अहंकार खो त्यागें:

अब्राहम लिंकन में नम्रता थी । वह अहंकार से कोसों दूर था । जब अमेरिका में गृहयुद्ध के बादल छा गए और राष्ट्रपति का चुनाव आया, तो लिंकन में प्रेरणा हुई कि वह क्यों न सारे राष्ट्र की बागडोर संभाले! वह राष्ट्रपति-पद के लिए उम्मीदवार बना । राजनीतिज्ञों को उसने बता दिया कि वही इस आपातकाल में देश को संभाल सकता है । संसार में कितने ऐसे लोग हैं, जो अपनी आत्मा की आवाज को शब्दों में प्रकट करते हैं? मनुष्य जो कुछ सोचता है, उसी को शब्दों में प्रकट करता है । उसका स्वभाव, उसका आदर्श उसके शब्दों से ही प्रकट होता है । यह

सही है कि चेहरा विचारों का दर्पण होता है, परन्तु मानव जीवन तो उसके विचारों का ही प्रतिबिम्ब है । हमारे मुंह से निकले हुए शब्द में ऐसा सामर्थ्य है कि जिसका जीवन पर प्रभाव पड़ता है । शब्द की शक्ति को पहचानकर ही ईसा-मसीह ने कहा था- 'स्वर्ग तथा धरती मिट सकते हैं, परन्तु मेरे शब्द अमर हैं ।' वास्तव में अन्तःकरण से निकले हुए शब्दों में अधिक शक्ति होती है । जीवन को प्रेरणामय तथा सप्राण बनाने वाली शक्ति शब्दशक्ति ही है । मुंह से प्रकट किये गए शब्द में एक चमत्कार होता है, जिसका मन पर अमिट प्रभाव पड़ता है ।

वेटडन की लड़ाई में फ्रेंच सैनिकों को इसी विश्वास-घोष से विजय प्राप्त हुई थी । जनरल पेतां ने हर एक सिपाही के मन में यह मंत्र फूंक दिया था कि क्या जर्मनी की सेनाएं फ्रांस की भूमि में घुस सकेंगी । सेनानायक के इस अदम्य विश्वास से सैनिकों का सामर्थ्य दुगुना-चौगुना बढ़ गया । दृढ़ शब्दों में की गई आश्वासन घोषणा विजय का मूलमंत्र बनी । फ्रांसीसी सैनिक इन शब्दों के बल पर भीषण बम-वर्षा में भी मुस्कराते बढ़ते चले गए । कठोर कैद या मृत्यु का प्रत्यक्ष भय उन्हें परास्त करने में सफल न हो सका । युद्ध क्षेत्र में उपस्थित एक जर्मन डाक्टर ने कहा था-मृत सैनिकों में स्पष्ट आत्मविश्वास झलकता था । मूर्च्छित हुए सैनिक भी यही बदबुदाते थे । जर्मन के सैनिक फ्रांस की भूमि में प्रवेश करने में असमर्थ रहे ।

शब्द ही विचारों के वाहन हैं ।

यदि शब्दों में प्रेम, सेवा तथा मैत्री की भावनाएं हैं, तो उनसे दूसरों के हृदयों में भी उन्हीं भावनाओं का संचार होगा, पर यदि शब्दों में ईर्ष्या, द्वेष, घृणा है तो वह दूसरों के मन में भी वैसी ही भावनाएं जगा देंगे । मानव-सभ्यता के विकास में शब्दों का महत्त्वपूर्ण योगदान है । विचार की शक्ति द्वारा शब्द ही मानव की मनोकामनाओं को पूर्ण करते रहे हैं । मन में कहे शब्दों में जो शक्ति है, मुंह से व्यक्त किए शब्दों में उससे भी कहीं अधिक प्रभाव है । मुंह के रूप में प्रकट करते हुए विचार मन पर अपना गहरा प्रभाव छोड़ जाते हैं । किसी उत्कृष्ट भाषण को सुनकर चित्त पर जो प्रभाव पड़ता है, वह किसी ग्रंथ को पढ़कर भी नहीं पड़ता । पुस्तक में लिखित शब्दों को पढ़कर हम भूल भी सकते हैं, परन्तु शब्दों को भूलना थोड़ा कठिन हो जाता है । पाठित शब्दों का भी मन पर प्रभाव होता अवश्य है, पर उतना नहीं, जितना बोले शब्दों का ।

ऐसा नहीं कि केवल दूसरों के द्वारा कहे शब्द ही हमारे हृदय पर अमिट प्रभाव डालते हों, वरन हमारे अपने कहे शब्द या अपने किए हुए प्रण भी हमारा हृदय-परिवर्तन पर डालते हैं । इन संकल्पों द्वारा हमारे हृदय की बुराइयां दूर हो सकती हैं । अनुभव सिद्ध बात है कि यदि हम चाहें तो अपने मन से वार्तालाप कर सकते हैं । मन बातों को सुनता तथा स्वीकार भी

करता है । आवश्यकता इस बात की है कि मन से बात मौन रूप से न कहकर प्रकट शब्दों में कही जाए । घोर निराशा एवं असफलता में भी, बहुत से लोग अपने अन्तःकरण से वार्तालाप कर असाधारण सफलता और विजय प्राप्त कर चुके हैं। एक व्यक्ति लज्जा, संकोच तथा हीन भावना से ग्रस्त था । वह लोगों के सम्मुख आने व बात करने से कतराता था । उसमें आत्मविश्वास तो था ही नहीं; साथ ही उसे यह भ्रम भी था कि वह बेईमान दिखाई देता है, परन्तु वास्तविकता यह थी कि वह एक ईमानदार तथा परिश्रमी व्यक्ति था । आप यदि अपनी वर्तमान स्थिति से असन्तुष्ट हैं, यदि आप समझते हैं कि आपने अपने आदर्श के अनुकूल प्रगति नहीं की या कोई ऐसी रुकावट है जो आपको आगे नहीं बढ़ने देती तो आप उस रुकावट को खोज निकालिए ।

उसे खोजने का मार्ग अपने आप से वार्तालाप ही है । अपने अन्तःकरण में दृष्टि डालिए, आत्म-साक्षात्कार कीजिए, अपनी सम्पूर्ण क्षमताओं एवं शक्तियों को पहिचानिए, और फिर कहीं अकेले में बैठकर अपने से कहिए-आगे बढ़ने में, उन्नति करने में क्या बाधा है? तुम्हें अपना लक्ष्य क्यों नहीं प्राप्त हो रहा है? तुम अपने सहकारियों से क्यों पिछड़ रहे हो? तुम सामान्य-सा जीवन क्यों व्यतीत कर रहे हो? क्यों तुमसे कम योग्यता वाले तुमसे आगे बढ़ रहे हैं? उस बाधा की खोज करो और उसे शीघ्र दूर कर दो, अन्यथा तुम्हारा विकास रुक जाएगा ।

एक सूची बनाइए जिसमें एक ओर सफलता और दूसरी ओर असफलता के कारण लिखे हों- दैनिक सफलता के लिए प्रतिज्ञाएं कीजिए-

- मैं सबसे गौरवशाली बनूंगा ।
- मैं जीवन मैं और अधिक सफलता पाऊंगा । मैं जानता हूं कि मैं पा सकता हूं ।
- मैं अपने में तथा दूसरों में गुण ही देखूंगा ।
- मैं संकट आने पर हिम्मत नहीं हारूंगा, बल्कि दुगनी शक्ति एवम् गति से काम करूंगा । इस प्रकार मैं प्रत्येक संकट को सुखद बना डालूंगा ।
- मैं उन्हीं कार्यों, पदार्थों तथा सफलताओं की आकांक्षा करूंगा, जिससे मनुष्य-जाति सत्य एवम् स्वाधीनता के मार्ग पर प्रगति कर सके ।
- मेरे शब्द उत्साहजनक, साहसप्रद, स्फूर्तिदायक, प्रेरणाप्रद तथा हर्षप्रद होंगे ।
- मैं सदा जन-हित के कार्य करूंगा ।

प्रतिज्ञा की असीम शक्ति:

हमें प्रतिज्ञा की असीम शक्ति को जान लेना चाहिए । संसार के गौरवशाली दार्शनिकों, विचारकों एवं लेखकों को कभी भी प्रमाणों से अपनी बात को सिद्ध करने की आवश्यकता नहीं

पड़ती । उनका आत्मविश्वास ही उनकी सबसे बड़ी दलील होती है । यदि अपनी बात सिद्ध करने के लिए वह भी युक्तियों का सहारा लेते, तो शायद लोग उनका विश्वास न करते । विश्वासपूर्वक कहे गए शब्दों पर संदेह कठिन होता है । आत्मविश्वासी मनुष्यों के शब्दों में ऐसा बल रहता है कि लोग उसे ही सत्य मानकर उस पर आचरण करने पर तत्पर हो जाते हैं । अपने-आप से वार्तालाप करके आप भी ऐसे आत्मविश्वास का संपादन कर सकते हैं । भय, संकोच, घबराहट छोड़िए । यह मत कहिए कि 'हो सका तो मैं प्रयत्न करूंगा ।' अपितु दृढ़ विश्वासपूर्वक कहिए 'मैं इस कार्य को अवश्य कर सकता हूं ।'

यह भी याद रखिए कि आप जो कुछ कहते हैं, उसकी सत्यता में आपको विश्वास होना चाहिए । जिन शब्दों का आप उच्चारण करते हैं, उनको यदि आप अपने अंतःकरण में स्वीकार नहीं करते तो आपके वह शब्द सर्वथा निर्जीव हैं । आपके प्रत्येक शब्द के पीछे आपकी संपूर्ण मानसिक शक्ति का बल, आपकी आत्मिक शक्ति का पूरा समर्थन होना आवश्यक है । परमेश्वर की दृष्टि में सब लोग समान हैं । वह पिता है; वह सबको समान रूप से प्रेम करता है; वह किसी का भी पक्षपात नहीं करता; वह सबको एक जैसे अधिकार एवं वरदान देता है । कर्म करने वाले की इच्छा-पूर्ति वह अवश्य करता है । अपने प्रण को हर समय दोहराइये । उसे पूर्ण करने के लिए प्रयत्न में जुट जाइए । अवसर फिर अभी नहीं आएगा, उसे आप ही लाएंगे । उस समय आपकी प्रतिज्ञा का चमत्कार प्रकट होगा ।

जितनी बार आप प्रतिज्ञा दोहराएंगे, उतनी बार आपकी शक्तियों में वृद्धि होगी । चाहे कोई आपकी निन्दा करे या स्तुति, आप अपने लक्ष्य को मत छोड़िए । लाखों लोग भी विरुद्ध रहें, तो भी अपने उद्देश्य को मत भुलाइए; अपने बल पर अविश्वास मत कीजिए । आपको संसार में जो कार्य करना है वह तो आपसे ही हो सकेगा, उसे दूसरे के भरोसे पर मत छोड़िए । अपने सामर्थ्य की संभावनाओं को पहिचानिये । जीवन को ऊंचा उठाने की यही एक विधि है । अपने-आप से एक अंतरंग सखा की भांति वार्तालाप करके ही आप अपने मन को पहचान सकते हैं । बुराई से भयभीत होने अथवा निराश होने की आवश्यकता नहीं, ऐसी कोई बुराई नहीं, जो दृढ़ विचार तथा पूर्ण निश्चय से दूर न की जा सकती हो । प्रत्येक मनुष्य में एक ऐसी शक्ति है, जो बुराई से लड़े तो कभी उसे परास्त नहीं कर सकती ।

ईश्वर सबमें है और ईश्वरीय गुण भी सबमें हैं । बुराई का अन्धकार ईश्वरीय ज्योति से पल भर में छिन्न-भिन्न हो जाएगा । आवश्यक कार्यों को भूलने की आदत, हर बात में आशंका करना, वहमीपन, यह सब दुर्गुण हैं, जो ईश्वरीयशक्ति के विश्वास के अभाव में बढ़ते हैं । जिस कार्य की आकांक्षा आपके हृदय में है, जिस कार्य का समर्थन आपकी अन्तरात्मा करती है, उस

पर आवश्यकता से अधिक सोच-विचार मत करो । दुविधा में पड़ना कोई गुण नहीं, बल्कि एक ऐसी बुराई है जो सुनहले भविष्य को अंधकारपूर्ण बना देती है । आदर्श ही सबसे बड़ा लक्ष्य है । फिर भी यदि किसी व्यक्ति को ही आदर्श रूप में प्रतिष्ठित करना चाहते हैं तो किसी ऐसे व्यक्ति को अपना आदर्श बनाओ जिसकी कार्यकुशलता, तथा आत्मविश्वास की सभी प्रशंसा करते हों । कार्य करते हुए आरंभ में भूलें होने की संभावना है, पर इससे घबराने की आवश्यकता नहीं । घबराकर पीछे पग रखना कायरता है ।

अपने आपसे बातचीत करना प्रगति के पथ पर आगे बढ़ना है । बातचीत में समय, आवश्यकता एवं व्यक्ति के अनुसार अन्तर भले ही हो, परन्तु सच्चे पन से की गई प्रतिज्ञा, बार-बार दोहराए गए संकल्पों से शक्तियां दुगुनी-चौगुनी बढ़ जाती हैं । दृढ़ निश्चय के साथ की गई ऐसी प्रतिज्ञाओं को पूर्ण करने में ईश्वरीय शक्तियां भी सहायक होती हैं ।

आत्मप्रेरणा:

एक समय की बात है, एक सिंह-शावक वन में अकेला खेल रहा था । उसकी माता सोई थी । जंगल के नए-नए पदार्थों ने सिंह-शावक का मन आकर्षित किया, तो वह बाहर आया । उसके मन में आया कि वह संसार के उन सब पदार्थों को देखे जो उसने अब तक न देखे थे । वह काफी दूर जा पहुंचा और रास्ता भूल गया । अपनी मां को पुकारते-पुकारते वह इधर-उधर दौड़ रहा था कि उसी समय उसके सम्मुख एक भेड़ आई । उस भेड़ के बच्चे कुछ दिन पहले ही मरे थे । सिंह-शावक को रोते बिलखते देख ममता की मारी भेड़ उसे अपने घर ले आई और उस शेर के बच्चे को दुलार से पालने लगी। दिन बीतते गए और भेड़ का उस पर प्रेम निरन्तर बढ़ता गया । कुछ समय बाद वह सिंह-शावक भेड़ से भी ऊंचा हो गया । वह उसे देखकर कभी-कभी डर भी जाती थी । अकस्मात एक दिन उस वन में एक सिंह आ निकला । वह पर्वत की चोटी पर चढ़कर गर्जन करने लगा । उसकी दहाड़ सुनकर वह भेड़ दहल उठी । परन्तु उस सिंह-शावक के मन पर उस गर्जन की कुछ भिन्न ही प्रतिक्रिया हुई । उसके मन में सागर की तरह कुछ उमड़ने-घूमने लगा । सिंह के गर्जन से उसकी प्रकृति का ऐसा अंग छू गया था, जो अब तक अदृश्य था ।

एक नई चेतना की बिजली-सी उसकी नस-नाड़ी में दौड़ गई । उसे आभास हुआ कि उसमें ऐसा कुछ है, जिसका अभी तक उसे ज्ञान न था । वह भी ऊंचे स्वर में गर्जने लगा । अपनी भेड़-मावता की ओर दृष्टि डालकर उसने छलांग लगा मारी और उस सिंह को अपने वास्तविक स्वरूप का ज्ञान हुआ । उसने तो अपने आपको भेड़ का बालक ही समझ रखा था । उसकी कल्पना में भी कभी यह न आया था कि वह भेड़ की अपेक्षा अत्यधिक बलशाली है । कहां तो

वह कुत्ते के गुर्राने पर दुबक जाया करता था और कहां अब वह अपना वास्तविक स्वरूप जान लेने पर सिंह के सम्मुख डट गया था। जब तक उसे यह भ्रम था कि वह भेड़ का पुत्र है, तब तक तो वह भेड़ जितना ही बल रखता था, फिर ज्यों ही उसे विदित हुआ कि वह कुछ और है, तब उसका बल तुरन्त बढ़ गया। जब वह अपने को भेड़ समझे हुए बैठा था, उस समय यदि उससे सिंह का सामना करने को कहा जाता तो दिल दहल उठता, पर अपना असली स्वरूप ज्ञात होते ही उसकी शक्ति कई गुना बढ़ गयी।

सिंह की गर्जना सुनने से पहले उसमें सिंह के नहीं, भेड़ के गुण थे। पर आवाज से उसका सिंहत्व जागृत हो उठा। अब वह भेड़ का जीवन कैसे व्यतीत कर सकता था? अब तो वह जंगल का राजा था। इस उदाहरण से स्पष्ट हो जाता है कि हर व्यक्ति में उसका सिंहत्व रहता है। जब कभी ऐसा अवसर आता है कि उस अन्तःकरण में कोई आवाज गहरे उतरकर उसके पराक्रम को ललकारती है तो वह भाव जाग उठता है। तब उसे अपनी पहली अवस्था पर आश्चर्य होता है। अपनी महत्ता का ज्ञान होते ही वह सिंह की तरह दहाड़ने लगता है।

जब मनुष्य को यह विदित हो जाता है कि वह दिव्य शक्ति का, जिसे परमात्मा कहते हैं, एक भाग है, उसका उस असीम शक्ति से अविच्छिन्न संबंध है, तो उसे अपने अन्दर एक दैवी बल की अनुभूति होने लगती है। उसके लिए तब कोई भी कार्य ऐसा नहीं रह जाता जो उसके सामर्थ्य से बाहर हो; तब उसकी निर्बलता आमूल नष्ट हो जाती है; तब ईश्वरीय शक्ति उसके अणु-अणु में, उसकी अन्तरात्मा में आ जाती है। तभी मनुष्य को सफलता की कुंजी मिल जाती है अर्थात आत्मविश्वास ही वह ईश्वरीय शक्ति है, जिसके फलस्वरूप मनुष्य बड़े से बड़ा काम कर गुजरता है।

लक्ष्य प्राप्ति और विश्वास

बड़ी बात है कि आपके विचार क्या हैं । कोई भी क्षेत्र हो, उसमें विचार सबसे बड़ी बात है । विचारों का हमारे ऊपर प्रभाव पड़ता है । वह हमारी सारी क्रिया शक्तियों को संचालित करते हैं ।

सबसे पहले आवश्यक है कि आप अपना लक्ष्य निर्धारित करें । जब लक्ष्य बना लें, तो राह तलाश करें । आपको कैसा मार्ग अपनाना है । फिर उसके अनुसार साधन देखें । अपने साधनों के आधार पर आगे बढ़ो । जो भी साधन हैं, उन पर संतुष्ट रहें । न नौ मन तेल होगा, न राधा नाचेगी, के नाम पर साधनों का रोना न रोयें । अपने वर्तमान साधन ही पर्याप्त मानें । मार्ग पर आगे बड़े । फिर साधन अपने आप बनते जाएंगे । अपना मार्ग पूरा करें । लिंकन ने कहा है कि जब आदमी व्यवसाय शुरू करता है तो क्या यह जरूरी है कि लाखों डालर उसके पास हों । क्या वह कुछ डालर में शुरू नहीं कर सकता है? आपका क्या ख्याल है? जो कुछ डालर से व्यवसाय नहीं कर सकता है, वह लाखों डालर से भी व्यवसाय कर सफल नहीं हो सकता है ।

वैचारिक शक्तियां:

बड़ी बात है कि आपके विचार क्या हैं । कोई भी क्षेत्र हो, उसमें विचार सबसे बड़ी बात है । विचारों का हमारे ऊपर प्रभाव पड़ता है । वह हमारी सारी क्रिया शक्तियों को संचालित करते हैं और हमारा जीवन प्रभावित होता है । आजकल विचार शक्ति पर अनुसंधान चल रहा है । उसमें पाया गया है कि विचार मनुष्य का कायाकल्प कर देते हैं । अब तो नवीन खोजी वैज्ञानिकों का मत है कि विचार ही पदार्थ हैं, विचार ही जीवन का अंग बनकर चरित्र को विशेष रूप प्रदान करते हैं और चरित्र ही हमारी आदतों पर, हमारी कर्त्तव्य शक्ति पर नियंत्रण रखता है । यदि हम अपने मन में भय के विचार को पालते-पोसते हैं, अभाव के विचारों को पनपने देते हैं और यदि निर्धनता से भयभीत हैं, तो हमारी निर्धनता के भय के कारण हमारा जीवन भय के वातावरण से संचालित होता है ।

हमारा चरित्र डरपोक व्यक्ति का चरित्र बन जाता है । हमारी आदतें साहसहीन व्यक्ति की आदतें बन जाती हैं, हमारे कर्म प्रभाव शून्य हो जाते हैं और परिणाम यह होता है कि जैसे धागों का ताना-बाना हम बुनते हैं, वैसा ही कपड़ा हमें प्राप्त होता है । हम इसलिए नहीं पैदा हुए कि कठिनाइयों में जीवन काटते रहें, अभावों में पलते रहें, कष्टों को सहते रहें, दीन-दुःखी

और दरिद्र बने रहें । हमारा जन्म इसलिए नहीं हुआ कि गरीबी में दम घोंटू वातावरण में जैसे-तैसे दिन काटते रहें । हमारा जन्म इसलिए नहीं हुआ कि जीने के लिए हम हर समय रोटी-पानी की चिन्ता में ही उलझे रहें । ईश्वर ने हमें वह सारी शक्तियां प्रदान की हुई हैं; जिनके बल पर हम अपने जीवन को विशाल, विपुल पूर्ण, स्वतंत्र और सुंदर बना सकें, पर हमीं हार मान लेते हैं । हमीं कुछ रद्दोबदल करने को तैयार नहीं होते । भाग्य को लेकर कोसते हुए बैठे रहने में ही हम अपने कर्तव्य की इतिश्री समझ बैठे हैं ।

यदि हम पूरी तरह स्वस्थ होते, मानसिक तौर पर समन्वित होते, तो हम अपने जीवन को केवल एक घटना न मान लेते, अपनी इच्छा के अनुरूप अपने जीवन के निर्माण का पूरा प्रयत्न करते । हमारे ख्याल ही गलत हैं । विचार ही दूषित हैं - सर्वोत्तम प्राणी होते हुए भी हमने अपने आपको 'बेबस' और 'अभागा' मान लिया और समय की चपेट सहते हुए किसी तरह जी रहे हैं । फिर अपने को हम हीन क्यों मानते हैं और तब आप अपने को एक भिन्न श्रेणी से अभागों की श्रेणी में क्यों गिनते हैं? क्यों नहीं विचारों के इस बंधन को आप झटककर दूर कर देते? क्यों इन गलत ख्यालों से आप चिपटे हुए हैं? क्यों आप अपने को हीन मान बैठे हैं? आप अपने को इसलिए हीन मानते हैं कि आपने स्वयं को बन्धनों में लपेट रखा है । आपने स्वयं अपने ऊपर पाबन्दियां लाद रखी हैं । अपने हाथ-पैरों में यह बंधन की हथकड़ियां-बेड़ियां स्वयं डाली हुई हैं । किसने आपका रास्ता रोक रखा है?

स्वयं अपने चारों ओर अनजाने एक रुकावट बना रखी है और उससे बाहर जाने का आप कभी प्रयत्न ही नहीं करते हैं । विपुलता की ओर आप देखते ही नहीं, आपको तुच्छ और क्षुद्र वस्तुएं ही दिखाई देती हैं । विपुलता के भण्डार को क्यों आपने दृष्टि से ओझल कर रखा है? आपने विपुलता के अथाह प्रवाह से अपने को क्यों काट रखा है? आप विपुल धन-संपत्ति के विचार मात्र का प्रवेश अपने मस्तिष्क में क्यों नहीं होने देते हैं? तब प्रकृति के किस सिद्धांत के अनुसार वह पदार्थ आपको मिल सकते हैं, जिनके बारे में आपका विश्वास है कि आपको मिल ही नहीं सकते हैं । किस दर्शनशास्त्र के सिद्धांत के अनुसार आप उस विशाल संपदा को प्राप्त कर सकते हैं, जिसका आप कभी स्वप्न में विचार नहीं करते थे? जब आपका यही दृढ़ विश्वास है कि गरीबी ही आपके भाग्य में लिखी है, तो संपन्नता भला आपके पास कैसे आ सकती है?

सीमित रूप हमारे अपने अन्दर है, विधाता में वह सीमित नहीं है । ईश्वर तो चाहता है कि उसके बच्चे विश्व की तमाम बातें ग्रहण करें । वह सब महान बनें । ईश्वर सबका शुभ चिंतक होता है । वह अपने से किसी का भी बुरा नहीं करता है । यह तो हमारा अपना विश्वास है उसका ही हम फल पाते हैं । इसी कारण कर्लाइल लिखता है कि मनुष्य के लिए आवश्यक है

कि वह स्वयं अपने ऊपर विश्वास करे । हाथ में लिए कार्य को भली-भांति सम्पूर्ण करे । इस आत्मविश्वास को निरन्तर बढ़ाये और पुष्ट करे । जिस अनुपात में आत्मविश्वास बढ़ेगा, उसी अनुपात में सफलता का अवसर बढ़ेगा । हारता वही है, जो मन में अपनी हार मान लेता है । मन में सर्वश्रेष्ठ होने का दावा कीजिए, तो फिर आप सब के सरताज बन जाएंगे । बहुत-से व्यक्ति आवश्यक योग्यता रखते हुए भी जीवन-भर दीन-हीन बने रहते हैं । अपने ही विचारों की गिरावट के वह शिकार होते हैं । अपने ही सुझाव द्वारा, वह अपने को निरुत्साह करते रहते हैं । जब भी किसी महान कार्य को पूर्ण करने का प्रयत्न करने लगते हैं, तो उनका मन इस विचार से कांप उठता है कि कहीं हम असफल हो गए तो क्या होगा?

इस आत्म-सुझाव से उनका शरीर मन शिथिल हो जाता है । उनके हाथ-पांव ढीले पड़ जाते हैं । काम करने का उत्साह ही नहीं रहता है । संभावित असफलता के विचार का लेशमात्र व्यक्ति को शिथिल करने के लिए पर्याप्त है । मनुष्य की कार्य प्रवृत्ति तथा कर्म-सामर्थ्य में यह बाधा पड़ती है । विचार अपना प्रभाव डालते हैं । जो व्यक्ति अपने दुर्बल विचारों का दास है, वह कभी अग्रणी नेता नहीं बन सकता । वह मनुष्यों में शक्तिशाली मनुष्य की पदवी कभी नहीं पा सकता । वह कितनी ही विलक्षण बुद्धि वाला हो, कितनी ही योग्यता तथा कार्यक्षमता से युक्त हो; परन्तु वह अपने 'मूड' का दास बनकर और पूरी तरह असमर्थ बनकर रह जाता है । इस प्रकार की मानसिक स्थिति में मनुष्य अपने हथियार डाल देता है और उसके हाथ-पांव ढीले पड़ जाते हैं ।

उत्साहहीनता:

उत्साहहीनता आने से व्यक्ति की निर्णय और न्याय की शक्ति घट जाती है । भय के दबाव से मनुष्य मूर्खतापूर्ण निर्णय कर देता है । शक्ति, समझदारी, सन्तुलन, मानसिक सन्तुष्टि-इन सभी वांछनीय संपदाओं को वह खो बैठता है। प्रभावशाली कार्य करने के लिए इन गुणों की नितांत आवश्यकता होती है । जिस समय किसी मनुष्य पर संकट आ पड़ता है या आकस्मिक रूप में किसी बड़े काम की जिम्मेदारी आ पड़ती है, उसी समय तो उसके धैर्य की परीक्षा होती है, उसके पौरुष की परीक्षा होती है, उसकी प्रसन्नचित्तता की परीक्षा होती है, उसकी निर्णायक शक्ति की परीक्षा होती है । किन्तु ऐसे समय वही व्यक्ति मुकाबला करने में समर्थ हो सकता है जो मन की शान्ति तथा सहज प्रसन्नता को नष्ट न होने दे । अपने को वश में कीजिए, मन को संतुलित बनाइए, अपनी स्थिति का धीरज से विश्लेषण कीजिए, प्रत्येक वस्तु की, प्रत्येक घटना की जांच कीजिए ।

ऐसी दशा में ही आप सही निर्णय कर सकते हैं, पर सही निर्णय के लिए मन की प्रसन्नतापूर्ण सुविचारपूर्ण स्थिति आवश्यक भी है । मनहूस और मुहर्रमी सूरत लेकर अपने इष्ट-मित्रों या संबंधियों में जाने का कोई हक नहीं है । दुःख, निराशा और अकर्मण्यता फैलाने का आपको कोई अधिकार नहीं है । कुछ लोगों को जब चिन्ता का 'दौरा' पड़ता है, तो वह उसका स्वागत करते हैं । वह अपने फिक्र-चिन्ता-भय और दुःख को खोलकर बयान करने लगते हैं । अपने दुर्भाग्य का रोना रोने लगते हैं । अपने कष्टों के कारणों का, अपनी गरीबी के कारणों के प्रकट या छिपे स्वरूप का विस्तृत विवरण देने लगते हैं । अपने जीवन को कटु बनाने वाली बातों का खुलासा बयान करने का उन्हें चाव-सा होता है । उनकी उन्नति किन कारणों से नहीं हो सकी, इसका पूरा हाल सुनाने के लिए वह उत्सुक है ।

इस प्रकार, अनजाने ही वह अपने अवचेतन मन के अन्दर शत्रु-विचारों की जड़ मजबूत करते रहते हैं और इसका उनके चरित्र पर बहुत गहरा प्रभाव पड़ता है । इस प्रकार के चिन्ताग्रस्त, निराशावादी, रुदनशील प्राणी अपनी सारी प्रतिभा, कष्टों और दुःखों के चित्र चित्रित करने में ही व्यय करते रहते हैं। वह ऐसा प्रकट करते हैं कि जैसे सारे संसार के कष्टों का बोझ उन्होंने ही अपने कन्धों पर उठा रखा हो । इस प्रकार के व्यक्तियों की उपस्थिति में मुस्कराना कठिन हो जाता है, शान्त रहना मुश्किल हो जाता है, उन्मुक्त सांस लेना दूभर हो जाता है । आप चाहे कितने ही उत्साही, कितने ही प्रफुल्लित, कितने ही हर्षित क्यों न हों, वह अपनी निराशाजनक, उत्साहनाशक बातचीत से आपको शिथिल करने में कसर नहीं छोड़ते । वह संदेह, निराशा और अकर्मण्यता की बर्फ से आपका सारा उत्साह ठंडा कर देते हैं । जितनी ही बार आप उनके पास जाएंगे, उनका यही प्रयास होगा कि आप ऐसा प्रतीत करें ।

हमारे शरीर में बराबर परिवर्तन होता रहता है । उसका भी हम ध्यान रखें। यह प्रकृति का नियम है । हमारा शरीर जैसा आज है, वैसा कल नहीं रहेगा । यह एक सत्य है । इसी सत्य के आधार पर हमें अपना मार्ग बनाना चाहिए । प्रकृति के अनुसार हमारे मन तथा शरीर में निरन्तर विकास की प्रक्रिया जारी रहना स्वाभाविक है, प्राकृतिक है । इसमें बाधा उस समय पड़ती है, जब दूषित विचार हमारे मन पर आक्रमण करते हैं । मन पर दूषित विचारों का आक्रमण तभी होता है, जब हमारे मन में शून्यता होती है; वहां रचनात्मक विचार अनुपस्थित रहते हैं । जब तक हम अपने मन में विकास के विचार रखते हैं, तो प्रतिगति या दुर्गति के विचार नहीं आ सकते हैं । मन को नवीन तथा तरोताजा करने के अनेक उपाय हैं और इस विषय में हम सबके भिन्न-भिन्न अनुभव हो सकते हैं । हम देखते हैं कि कई बार हमारे मन में दुःख की निराशा की छाया आश्चर्यजनक रूप से लुप्त हो जाती है । दुःख के घिर आए बादल हट

जाते हैं और उनके स्थान पर प्रसन्नता की धूप खिल जाती है । कम से कम, कुछ समय के लिए जीवन के प्रति हमारा दृष्टिकोण बदल जाता है।

कई बार हम अनुत्साहित तथा निराश हो जाते हैं और अकस्मात कोई शुभ-समाचार आ जाता है और हमारा हृदय खुशी से गद्गद् हो जाता है अथवा कोई हंसोड़, सहृदय, खुशदिल, खुशमिजाज व्यक्ति आ जाता है और हमारी मनःस्थिति में परिवर्तन ला देता है, कोई परमप्रिय स्नेही मित्र आकर सारा वातावरण ही बदल डालता है, अचानक किसी सुन्दर स्थान अथवा देश की यात्रा का अवसर प्राप्त हो जाता है और उसका प्राकृतिक सौन्दर्य हमारे दुःखदग्ध हृदय को शीतल कर देता है, हमारे घावों को भर देता है या फिर हम किसी प्रकार का सुख पा जाते हैं तो हमारे कुविचार नष्ट हो जाया करते हैं।

इसी प्रकार कई बार मनुष्य के मन पर कुछ कुविचारों का आक्रमण हो जाता है । वह मनोवृत्ति को पूरी तरह आक्रांत कर लेते हैं, जैसे पूर्वाग्रह, हठवाद, रूढ़िवाद, मिथ्याविश्वास, कायरता, ईर्ष्या द्वेष, जलन आदि । इन सबके भिन्न-भिन्न लक्षण स्वरूप होते हैं । पहले तो यह हानि-रहित प्रतीत होते हैं; परन्तु ज्यों-ज्यों बढ़ते और पलते जाते हैं, त्यों-त्यों मन में ऐसी जड़ जमा लेते हैं कि वहां से हटाना कठिन हो जाता है । जीवन में इस प्रकार यह घुलमिल जाते हैं कि स्वभाव में प्रकट होने लगते हैं और आदत ही बन जाते हैं। सबसे कठिन पाठ जो हमें अवश्य पढ़ना चाहिए कि हम अपने का निर्माण वैसा ही करते हैं, जैसे हमारे विचार होते हैं । यदि हमारे विचारों में सामंजस्य नहीं है, तो हमारा शरीर अवश्य हानि पाएगा और तब इसका प्रभाव हमारे कार्य तथा समस्त जीवन पर प्रकट होता दिखाई देगा । बहुत से व्यक्ति इस पाठ को पढ़कर वर्ष भर में अपने विचार, प्रवृत्तियों, चेष्टाओं तथा कार्यों में परिवर्तन कर डालते हैं और अपना जीवन सुधार लेते हैं । कुछ असावधान लोग इस पाठ को पढ़ते ही नहीं या इसे पढ़कर भी भुला देते हैं और वह अपना जीवन बिगाड़ लेते हैं ।

अपने विचारों को सर्वथा बदल डालिए, उन्हें उदात्त, पवित्र तथा रचनात्मक बनाइए । बस, आपको जीवन ही बदल जाएगा । आप चिन्ता ग्रस्त रहकर न तो किसी को मुग्ध कर सकते हैं, न प्रसन्नता । चिन्ता आपकी अपनी प्रसन्नताओं को भी छीनती है, दूसरों की भी । फिर चिन्ता से आपकी मोहकता भी समाप्त हो जाती है । प्रसन्नता की बातें, हंसी-खुशी की बातें कीजिए । संसार को और दुखी न बनाइए । जो व्यक्ति कष्टों में भी मुस्कराता रहता है, उसका साहस कभी कम नहीं होता है । इसके विपरीत जो व्यक्ति कष्ट सामने आते ही हिम्मत हार बैठता है, वह काम क्या करेगा! जब सब काम इच्छा के विपरीत हो रहे हों, उस समय भी जो मुस्कराता

है, हिम्मत और साहस के साथ अपने पथ पर बढ़ सकता है, वह प्रकट कर देता है कि उसका तन-मन उस धातु से बना है जो दब, मुड़ नहीं सकती है । तोड़ी नहीं जा सकती है ।

कार्लाइल का कथन है कि कुछ लोग संकट आ पड़ने पर और भी प्रबल हो जाते हैं । इसके विपरीत कुछ लोग जहां जाते हैं, भय की भावना, खतरे का ख्याल, दुःख का विचार फैलाते हैं । वह चिन्ता-भय का विष फैलाते रहते हैं । अपने मन की निराशा और चिन्ता का दूषित प्रभाव दूसरों पर भी डालते रहते हैं । जोर देकर कहते हैं-हमारा जीवन ही कष्ट पाने, दुःख भोगने के लिए हुआ है । इसलिए चिन्ता करना और भयग्रस्त रहना ही हमारा भाग्य है । यह क्या हमारी नियति है? नहीं । तब आप जागिए और अपने को पहिचानिए और साथ ही अपने मन के तथा तमाम इसी प्रकार के भय, कायरता तथा निषेधात्मक विचारों की जगह वह साहस और शौर्य जैसे विधेयात्मक विचारों की स्थापना से हटकर और माता-पिता या गुरु की शिक्षा के अनुसार अभ्यास करते-करते अपने प्रबल व्यक्तित्व का निर्माण करने में सफल होओ ।

साहस:

साहस पर मनुष्य का जन्मसिद्ध अधिकार है और साहस का अभाव होने पर ही भय, कायरता मन को आक्रांत करती है । साहस के भाव परिपक्व होने पर वही व्यक्ति, जो पहले कायर समझा जाता था, शौर्य एवं पराक्रम के कारनामे कर लोगों को चकित कर देता है । इससे यह प्रमाणित होता है कि मनुष्य की चित्तवृत्ति में आमूल परिवर्तन करना बिलकुल संभव है । जब आप भय, संदेह निराशा से ग्रस्त मनःस्थिति में हों, तब आप सही निर्णय नहीं कर सकते हैं । उचित एवं ठोस निर्णय केवल उसी समय किया जा सकता है, जब मस्तिष्क सही कार्यकारी स्थिति में हो, वह निराशा, क्रोध, भय, द्वेष से घिरकर अन्धकारमय न हो । भय तथा चिन्ताग्रस्त मनःस्थिति में कभी किसी महत्त्वपूर्ण विषय पर निर्णय नहीं करना चाहिए । जब मन निर्मल, सन्तुलित, शांत हो उस समय जो योजनाएं बनाई जाएं-केवल उन्हीं को क्रियान्वित करने का प्रयत्न करें । भय, क्रोध आदि के आवेग होने पर मानसिक शक्तियां बिखर जाती हैं । उस समय मन एकाग्र न रहने के कारण निर्णय गलत होते हैं ।

यदि मनुष्य सही प्रशिक्षण प्राप्त करे तथा मन को अभ्यास कराए, तो वह निराशा, क्रोध, ईर्ष्या-द्वेष आदि के विकृत विचारों को कुछ ही क्षणों में अपने मन से दूर करने का सफलतापूर्ण प्रयत्न कर सकता है, वह मन के द्वारों को खोलकर अन्धकार दूर कर सकता है तथा प्रसन्नता-रूपी सूर्योदय का अनुभव कर सकता है । वह अपना जीवन सफल बना सकता है । अपने को पहिचानना ही सबसे बड़ी शक्ति है-यही है आपका आत्मविश्वास और आत्मबल इसके द्वारा आप जो चाहते हैं, प्राप्त कर सकते हैं ।

व्यर्थ का डर:

अक्सर देखा गया है कि भौतिक विषयों की बहुसंख्या या अधिक मात्रा हमें आनंद प्रदान नहीं करती है । बहुत से सर्वाधिक आनंद-मग्न मनुष्यों के पास हम बहुत कम भौतिक पदार्थ देखते हैं । वह निश्चिन्त जीवन के कारण सुखी और आनन्दमय है । अपने देश का गौरव बढ़ाना, मित्रों से घिरे रहना, प्रेम करने का अवसर पाना, सहायता करना, उपयोगी होकर जीना, संसार को मानव-जीवन के लिए अधिक सम्मानीय बनाना-यही सब आनंद के मूलाधार हैं । संसार का सबसे साधारण व्यक्ति भी अपने चारों ओर इन सब पदार्थों को जुटाकर असीम आनंद प्राप्त करता है । इसके लिए केवल एक ही शर्त है कि वह अपने चारों ओर दृष्टि दौड़ाए । वेग, दौड़, त्वरा, भगदड़ हाय-हाय से भरी लालसा, धन का ढेर इकट्ठा करने का मोह, बैंक-बैलेंस बढ़ाने की इच्छा इन बातों ने हमारे जीवन में बेचैनी ला दी है ।

मन को सुसंस्कृत कर, शान्ति और सत्य से पूरित कर, सुंदर बनाकर सामाजिक आनंद उठाते हुए हम अधिक कार्यकुशलता प्राप्त कर सकते हैं । तब हमारी रचनाएं कम श्रम से ही अधिक उपयोगी और सुन्दर बन जाती हैं और तब हम अधिक सुखी भी हो सकते हैं । किसी सन्त की यह बात कितनी सत्य हे कि मैं कभी चिन्ता नहीं करता हूं क्योंकि जिन बातों की मैं चिन्ता करूंगा वह शायद ही कभी हों, पर जिन कामों में मैं व्यस्त हूं वह तो अवश्य पूर्ण होंगे। जब कोई बालक रात के समय जंगल में जाने से डरता है या प्रत्येक पेड़ के पीछे भूत-प्रेत की बात करता है तो ऐसे लोग उसकी हंसी उड़ाते हैं पर हम स्वयं अपने जीवन में प्रतिदिन शायद कदम-कदम पर इस प्रकार के मिथ्या विश्वासों और भावों से ग्रस्त रहते हैं । अधिकांश लोगों के अपने-अपने मिथ्या विश्वास होते हैं और वह इस विषय में गर्व से बात करते देखे जाते हैं । देखा गया है कि हम जिन बातों से डरते हैं उन्हें अनजाने रूप से स्वयं ही शक्तिशाली बनाते रहते हैं । हम जिन बातों की चिन्ता करते हैं-चिन्ता उनसे ही शक्ति प्राप्त करती है । हम अपनी कल्पना से ही किसी सत्ताहीन भयमूर्ति की स्थापना करते हैं और फिर उससे डरने लग जाते हैं । यह बात हास्यास्पद प्रतीत होती है, पर सच है ।

जिन वस्तुओं या घटनाओं या बात या व्यक्तियों से हम डरते हैं, उन्हें हम शक्तिशाली बनाते हैं । जिस बात की हम चिन्ता करते हैं, उससे चिन्ता सबल होती है । दुर्घटना की आशंका कर उसे हम बड़ा बनाते हैं । कई बार हमारा यही विश्वास कि कुछ अनहोनी या कुछ दुर्भाग्यपूर्ण बात होने वाली है, सचमुच हमारे लिए दुर्भाग्य का कारण बन जाता है । यही कारण है जो लोग सफलता से भयभीत होते हैं वह असफल ही हो जाते हैं । यदि हम भय में दृढ़ विश्वास रखेंगे तो वही सब होगा । इसके विपरीत यदि हम अपनी शुभाकांक्षा में दृढ़ रहेंगे तो वह ही

पूरी होकर रहेंगी। जीवन के पथ पर सदैव किसी न किसी रूप में अपने विश्वासों कि शक्ति देते चलते हैं। यदि हमारा यह विश्वास हो कि हममें कुछ गड़बड़ी है, हम दूसरों से कम हैं, तो इन्हीं से हमारे मन में भय पैदा होता है। फिर वह अपने सहायकों-रोग संकट आदि को साथ लेकर धावा कर देता है।

वह विकराल रूप धारण कर लेता है। यदि हम निरन्तर सामंजस्य और समन्वय के बारे में सोचें, सदा रचनात्मक विचार करें तो निश्चय ही हम स्वस्थ सुखी संपन्न बनेंगे। कहीं हम अपनी सीमित चेतना से छुटकारा पा सकते जिसने हमारे जीवन को तुच्छ बना रखा है, यदि हम इन्द्रियों की संवेदनाओं से मुक्ति पा सकें जिन्होंने कि हमारे जीवन को तुच्छ बना दिया है, तो हमारे जीवन के विकास का क्रम आरंभ हो जाता है। हेलेन केलन ने कहा है-भय हमारी आध्यात्मिक, चारित्रिक अथवा शारीरिक दुर्बलता की स्थिति है। हमारे शब्दों में यह आत्मा, मन या शरीर की हार है। भय का अर्थ है इच्छा के अनुसार कार्य करने की असमर्थता।

भयों का प्रभाव:

भय के दुष्प्रभाव से मन की भांति ही शरीर के अंग पहले अस्थाई और फिर स्थाई रूप से अकर्मण्य हो जाते हैं। पहले मन निष्क्रिय होता है फिर मस्तिष्क। तब फिर अंग-अंग ढीला पड़ता जाता है। जब हम भय से ग्रस्त होते हैं तब हम उसे अपने ऊपर अधिकार करने देते हैं। भय के पास अपनी तो कुछ भी शक्ति नहीं होती है। हम अपने पास से उसे शक्ति प्रदान करते हैं। एक अन्य लेखक का कथन है कि - यह प्रकृति का नियम है कि जिस वस्तु से हम भय खाते हैं, वह स्वयं हमारी ओर बढ़ती है। यदि आप किसी मनुष्य से पूछें कि क्या आप डरते हो? तो वह तत्काल कहेगा डरता नहीं, किसी से नहीं डरता। अक्सर लोगों को आपने कहते सुना होगा-मुझे भय है कि यह काम नहीं बनेगा। या मुझे भय है कि मेरा व्यापार चौपट न हो जाए-मुझे भय है कि मैं असफल न हो जाऊं-मुझे भय है कि मुझे रोग न हो जाए। - मुझे भय है कि कहीं मैं बीमार न हो जाऊं। ध्यान से विचार करें कि जितनी बार आप सन्देह अथवा भय की भावनाओं को व्यक्त करते हैं, उतनी ही बार आप मन को निषेधात्मक बनाते हैं। साथ ही उस बात के लिए भी मन का द्वार खोलते हैं कि जिससे आप डरते हैं। उसे आक्रमण के लिए खुला छोड़ देते हैं।

इसके विपरीत यदि आप प्रत्येक बार कहें - 'हां...हां...मैं यह कर सकता हूं; यह काम बनेगा, मैं इस काम को अवश्य पूरा करूंगा।'-तो इस प्रकार की मानसिक प्रवृत्ति से आप अपने लक्ष्य को अपने निकट आकर्षित कर सकते हैं। प्रत्येक विचार से एक तरंग पैदा होती है। जब कोई आपके मन में भी भय, निराशा, आशंका की भावना-तरंगों को उत्पन्न करता है। अब यह

आपके अपने वश में है कि आप अपनी निर्भयता, आशा और उमंगों के प्रहार द्वारा उसकी तरंगों के प्रभाव को काट दें । अपने ऊपर उसका प्रभाव न पड़ने दें । किसी व्यक्ति का बड़ा-बूढ़ा किसी रोग से मृत्यु को प्राप्त हुआ । वह यदि सोचता है-डरता है कि उसे भी यह रोग न हो जाय तो उसकी यह भय-भावना उसके मन को विकृत कर देती है जिससे मन के तथा शरीर के सामान्य कार्यक्रम में बाधा पड़ती है ।

इसी से उस व्यक्ति के सैल्स में उसी रोग के लक्षण प्रगट होने लगते हैं जिससे कि वह भयग्रस्त था । विचारों का जहर शरीर के अंगों तथा उपांगों को जहरीला कर उन्हें रोगी बना देता है । जितनी बार मुझे अपने एक व्यापारी से मिलने का अवसर प्राप्त हुआ, उतनी ही बार उसने मुझे बताया कि उसका पाचन-संस्थान बिगड़ चुका है । संसार में बहुत कम वस्तुएं ऐसी हैं, जिन्हें वह पचा सकता है । विचार कीजिए वह व्यक्ति कैसे आशा कर सकता है कि उसके पाचन-संस्थान संबंधी अंग उचित प्रकार से काम कर सकेंगे । यह अंग बड़े सूक्ष्म होते हैं । मन की प्रवृत्तियों को तुरन्त ग्रहण कर लेते हैं । जब हम इन्हें किसी काम से निरन्तर निरुत्साहित करते रहेंगे, तब उनमें अपना-अपना काम करने की शक्ति भला कैसे आ सकती है?

एक चिकित्सक था । उसके एक अन्य साथी चिकित्सक ने उसे बताया कि रक्त में जहर फैलने से उसकी मृत्यु होगी । एक दिन उस चिकित्सक ने अपनी पत्नी तथा परिवार के सदस्यों को बुलाया और वसीयत लिख दी । उसने बताया कि अमुक समय पर रक्त में विष प्रसार से उसकी मृत्यु हो जाएगी । ठीक समय पर उसकी मृत्यु हो गई । कैलीफोर्निया के एक मनुष्य ने एक निश्चित समय पर अपने जीवन को समाप्त करने का निश्चय किया, पर ठीक अवसर पर रिवाल्वर ने जवाब दे दिया । वह चला ही नहीं । लेकिन फिर भी वह व्यक्ति अपने दुःसंकल्प से इतना टूट गया कि थोड़ी देर बाद हृदयगति बंद होने से ही उसकी मृत्यु हो गई । जितनी बार हम क्रोध करते हैं, बेचैन होते हैं, चिन्ता करते हैं, उतनी बार हम अपने शरीर के प्रत्येक सैल के विरुद्ध युद्ध की घोषणा करते हैं, उतनी बार हम उसे उसके कर्त्तव्य से दूर हटाते हैं । चिन्ता, घृणा अथवा भय आदि मनोविकारों का भी शरीर के अणुओं पर अच्छा प्रभाव नहीं पड़ता है ।

सुबह की ओस के प्रत्येक कण में सूर्य का लघु सा प्रतिबिम्ब झलकता है, उसी प्रकार हमारे शरीर के प्रत्येक अणु में हमारे मस्तिष्क का लघु रूप झलकता रहता है । हमारे मन के उद्देश्य हमारे शरीर के अणु-अणु में झलकते हैं और हमारे चरित्र का प्रतिबिम्ब हमारे अंग-प्रत्यंग से झलकता है । डाक्टरों ने सिद्ध किया है कि मनुष्य की भावनाओं का उसकी शारीरिक क्रियाओं पर बड़ा गहरा प्रभाव पड़ता है । यदि मन शान्त है, तो मनुष्य रोगी भी है तो भी उसके रोग

मुक्त होने के अवसर हैं; पर मन यदि भयग्रस्त, चिन्ताग्रस्त है, डाक्टर जानता है कि उस रोगी को स्वस्थ होने में समय लगेगा ।

प्रसिद्ध डाक्टर विलियम एस. एडलर का कथन है-मन की दशा साधारणतः शरीर को कितना प्रभावित करती है, यह वैज्ञानिक तौर पर अभी ज्ञात हुआ है। यद्यपि इस विषय में सदा ही अस्पष्ट रूप से भावनाओं का महत्त्व स्वीकार किया गया है किन्तु अब यह निश्चित रूप से प्रमाणित किया जा चुका है कि मन की प्रवृत्तियां शरीर के अंग-प्रत्यंगों एवम् सूक्ष्म चेष्टाओं पर अपना प्रभाव डालती हैं । एक पूर्णतया स्वस्थ मनुष्य भी बीमारी के चंगुल में फैंट सकता है। एक पूरी तरह स्वस्थ व्यक्ति भी कल्पना कर सकता है कि यह बीमारी है और उसी बीमारी से होने वाले कष्ट को पा सकता है ।

एक व्यक्ति दवाइयों की दुकान पर गया । वहां उसने विष की शीशी मांगी। दुकानदार ने समझा कि वह आत्महत्या करना चाहता है; अतः उसने एक रंगीन पानी की बोतल दे दी । घर पहुंचकर उस व्यक्ति ने अपनी पत्नी के नाम एक विदाई-पत्र लिखा । उसके पश्चात् उसने उस रंगीन पानी को पी लिया । कुछ ही क्षणों में उसे विषजन्य सब प्रकार के कष्ट होने लगे । उसे तुरन्त अस्पताल पहुंचा दिया गया । डाक्टरों ने बताया कि उसे ठीक होने में एक सप्ताह लगेगा । डाक्टरों ने बताया कि यद्यपि उसने विष नहीं पिया, किन्तु उसमें विषपान के सभी लक्षण हैं, सारे कष्ट उसी प्रकार के हैं, जैसे विषपान से होते हैं, यदि उसे कुछ देर तक अस्पताल में न पहुंचाया जाता तो निश्चय ही उसकी मृत्यु हो जाती ।

एक प्रसिद्ध चिकित्सक का कथन है-शरीर के विकास तथा उसकी मरम्मत के लिए भोजन की पर्याप्त मात्रा का पाचन अनिवार्य होता है । पाचनक्रिया तभी ठीक तरह से हो पाती है, जब पाचन-संस्थान के प्रत्येक अंग से निकलने वाला रस उचित रूप से स्रावित हो भोजन या भोज्य-पदार्थ के रूप, रंग, रस, गंध और यहां तक कि उसके संबंध में विचार भी अच्छे हों, तभी पाचनक्रिया भली-भांति संपन्न हो पाती है । भोजनादि रुचिकर, ताजा, सुंदर और ग्राह्य हो तो पाचन संस्थान के अवयवों में कुशलता तथा सक्रियता आती है । तब मुख, कंठ, आमाशय, जिगर, तिल्ली, पित्ताशय आदि से पाचन रसों का स्राव उचित मात्रा में होने लगता है ।

तब मन को प्रिय लगने वाले भोजन के रसों का स्राव शीघ्र एवं अधिक मात्रा में हो पाता है । इसलिए ऐसा भोजन सुपाच्य होता है । यह सर्वमान्य है कि भय तथा चिन्ता से मुंह गला सूख जाता है । फिर उसके रसों का स्राव कैसे होगा? रसों का स्राव न होने से भोजन का पाचन ठीक

नहीं होता है । इसकी कमी हो जाने पर शरीर के अंगों को पोषण ही नहीं मिलता । शरीर की टूट-फूट की मरम्मत नहीं हो पाती है ।

अज्ञानतावश माता-पिता निरन्तर अपने शिशुओं और बालकों के मन पर नये से नये भय की छाप लगाते रहते हैं । वह इसके भयंकर परिणामों को नहीं जानते । वह अपने बच्चों की भलाई करने के विचार से ही ऐसा करते हैं, पर वास्तव में उनका अहित करते हैं । शिशुओं व बच्चों के कोमल हृदयों में जो भय के बीज बो दिये जाते हैं, वह फिर कभी नहीं उखड़ते । ऐसा न करो तुम्हें सर्दी लग जाएगी, वहां न जाना, यह मत खाना, ऐसा न करो, वैसा न करो । सैकड़ों निषेधों में हम अपने बच्चों के मस्तिष्क की स्वतंत्र चिन्तन-शक्ति में, उनकी स्वाभाविक अनुकूल प्रवृत्तियों में बाधा डालते हैं । परिणाम यह होता है कि बच्चों का स्वाभाविक और स्वतंत्र विकास नहीं हो पाता है । हम उन पर भय और चिन्ता के भाव लादकर उन्हें चिड़चिड़े व दुर्बल बना डालते हैं । हम निरन्तर जिस वस्तु का ध्यान रखते हैं, जिसके लिए हम निरन्तर कार्यरत रहते हैं, वह वस्तु हम अवश्य प्राप्त कर लेते हैं । जब हम सदा भय के ही विचार में रहते हैं, उसी की ओर हमारा ध्यान और चिन्तन रहता है, उसी की बात हम करते हैं तो हमारे काम भी उसी के लिए होते हैं । परिणामतः भय साकार होकर हमारे सामने कार्यरूप में परिणित होकर आ जाता है ।

डाक्टरों ने सैकड़ों ऐसे केस देखे जबकि हैजे के रोगी की रोग की अपेक्षा रोग के भय के कारण समय से पूर्व ही मृत्यु हो गयी होती है । एक साधारण रोगी की अपेक्षा रोग के भय के कारण समय से पूर्व ही मृत्यु हो गयी होती है । एक साधारण रोगी की अपेक्षा भयग्रस्त रोगी अधिक असाध्य होता है । भय का शरीर के विभिन्न अंगों पर तत्काल प्रभाव पड़ता है, विशेषतः गुर्दों, हृदय तथा पाचन संस्थान पर तो इसका बड़ा ही घातक प्रभाव पड़ता है । हमारी भावनाओं और मनोवृत्तियों का हमारे शरीर के अंग-प्रत्यंग पर प्रभाव पड़ता देखा गया है । बहुत से लोग तार या टेलीग्राम देखते ही घबरा जाते हैं, चाहे उसमें कोई हर्षजनक समाचार ही क्यों न हो, उनका मानसिक संतुलन, सही नहीं रह पाता ।

हमारे मन तथा मस्तिष्क में अन्याय अथवा अपमान होते ही जो तुरन्त विस्फोट सा होता है, हमारे मन में तथा शरीर के सेल्ज में कितना आपसी घनिष्ठ संबंध है । हमारे शरीर का प्रत्येक अंग संवेदनशील ज्ञान-तंतुओं के समूह से बना हुआ है । प्रत्येक अंग अपना मस्तिष्क है । साथ ही ये सेल्स अपने प्रेरणा स्रोत मस्तिष्क से भी संबंध रखते हैं । जब केन्द्रीय मस्तिष्क से कोई विचार चलता है, उस अंग का एक-एक सेल उससे प्रभावित होता है ।

प्रत्येक सेल पर मस्तिष्क से प्रेरित भावों से तरंग उठती है। फलतः हमारे हरेक विचार, क्रिया, भय, चिन्ता आशा हमारे अंग-प्रत्यंग एवं व्यवहार पर अपनी गहरी छाप लगा देते हैं। यदि आप ध्यान से सोचें तो आपको स्मरण हो जायेगा कि अपने जीवन की किसी महत्त्वपूर्ण घटना से पूर्व आपका मन कई दिनों या कई महीनों तक बेचैन सा रहा था। उदाहरणतः परीक्षा के परिणाम से पूर्व, किसी पद को पाने से पूर्व, या व्यापार आरम्भ करने से पूर्व तक आपको यही आशंका हर घड़ी घेरे रहती थी कि कहीं आपका अनुमान गलत न हो जाए! कहीं आपके पासे उलटे न पड़े कहीं आप असफल न हों! यह आशंका कहां थी! यह चिन्ता कहां छिपी थी? आपके मन के किसी भीतरी कोने में ही तो! किसने उसे जन्म दिया?

उस आशंका, चिंता या भय के कारण आपका मन भारी भारी रहता है। आप अपने को अस्वस्थ अनुभव करते थे। आप जितना ही उसे दूर भगाने का प्रयत्न करते, वह उतनी ही आपसे चिपटती जाती थी। उस समय आपने इस तथ्य पर विचार नहीं किया था कि वह आशंका का भूत आपके अपने ही मन की रचना थी। इसे आपने स्वयं बनाया था। आप जितना ही इसका विचार करते थे, उतना ही इसे और बढ़ावा मिलता था। असंख्य मनुष्य अपने ही मन की पैदा की हुई चिन्ताओं-आशंकाओं से कष्ट पाते रहते हैं। वह समझ नहीं पाते कि उनकी बेचैनी का कारण क्या है।

यह भी हो सकता है कि यह भय बाल्यकाल से ही आरंभ हुआ हो। सभी देशों में बूढ़ी दादी-नानी ऐसी कथा-कहानियां सुनाती हैं कि बच्चों के कोमल मन पर भय सा छा जाता है। परियों, भूत-प्रेतों, राक्षसों और दैत्यों-जिन्नों की कहानियां सुना-सुनाकर बच्चों के कोमल मस्तिष्क पर भय की जड़ें जमा देती हैं। बचपन का वह हौआ मन में ऐसे बैठ जाता है कि बड़े होकर भी काम के आरंभ में, काम के मध्य में या सफलता के निकट पहुंचकर वह भय से ग्रस्त रहा करते हैं। बाल्यकाल में जिस परछाईं को देखकर हम डर जाया करते थे, उसकी इतनी गहरी छाप हमारे मन पर पड़ जाती है कि हम सदा यही सोच-सोचकर आशंकित रहते हैं कि कहीं ऐसा न हो जाए, कहीं वैसा न हो जाये।

एक व्यक्ति जो कुछ दिनों के अन्तर से दांत के दर्द से पीड़ित था, इतनी शक्ति कभी एकत्र नहीं कर पाया कि उस दुखते दांत को निकलवा डाले। जिस समय उसका दर्द बंद हो जाता था, वह समझता था कि बस यह अन्तिम बार है, पर कुछ दिनों पश्चात वही दर्द उसे फिर सताने लगता है। उस व्यक्ति ने पीड़ा के कारण को उखाड़ फेंकना उचित समझा। वह हर बार उसे स्थगित कर देता था। इसी कारण उसे हर बार पहले से अधिक पीड़ा होती थी। लोग आपरेशन के भय से अनेक बार असह्य पीड़ा और यंत्रणा को सहन करते हैं। कई बार तो

असाध्य ही हो जाता है । इस प्रकार सर्जन के पास जाकर ऑपरेशन कराने से उन्हें जितना कष्ट होता, उससे कहीं अधिक कष्ट पाते हैं, पर भय के कारण नहीं कराते । एक व्यक्ति की दो वर्ष पहले जबड़े में चोट लगने से हड्डी टूट गई थी । उसने ऊपरी लीपा-पोती की, पर सर्जन के पास जाने से उसे डर लगता था । समय के साथ-साथ इसके जबड़े इतने कमजोर हो गये कि कोई ठोस पदार्थ खाने में असमर्थ हो गया । इससे उसका शरीर दुबला हो गया । उसके एक सर्जन मित्र ने एक बार कहा कि वह एक छोटे से आपरेशन के द्वारा ठीक हो सकता है, पर चिन्ता ने उसका मार्ग रोक रखा था और वह बराबर कष्ट पाता रहा ।

संकटों का सामना करें:

क्या हम भी ऐसा ही नहीं करते हैं? हम कई बातों को स्थगित करते हैं केवल झूठी चिन्ता के कारण, जबकि हमारा कर्तव्य यह है कि हम संकटों के विरुद्ध उठें और उनको समाप्त करके ही दम लें । आपने क्या चिन्ता पाल रखी है, निश्चय ही वह तह में बैठा है लेकिन हमें अपने पूर्ण निश्चय के साथ उसकी जड़ काटने के लिये तैयार हो जाना चाहिए । भयभीत होने से कुछ नहीं होगा । चिन्ता-शक्तियों का ह्रास ही करती है, विकास नहीं । अधिकांश लोगों के अवचेतन मन में चिन्ता छिपी रहती है । मृत्यु की चिन्ता, रोग की चिन्ता, दुर्घटना की चिन्ता आदि बराबर सताती रहती है, छिपे-छिपे वार करती रहती है । कुछ लोग जब कभी यात्रा करते हैं, दुर्घटना की चिन्ता हर समय उनके मन में रहती है । पुल पार करते समय आशंका रहती है कि कहीं गाड़ी नदी में न गिर जाय । कुछ ऐसे लोग हैं जिन्हें जीवन भर वहम घेरे रहता है, उससे उन्हें कभी भी छुटकारा नहीं मिलता है । कैंसर, गुर्दे का रोग, हृदय का रोग-इनमें से किसी न किसी की चिन्ता उन्हें सदा ही कष्ट पहुंचाती रहती है ।

ऐसी चिन्ताएं सदा सक्रिय नहीं होतीं बल्कि इनके कभी-कभी दौरे पड़ते हैं । कभी-कभी तो इनके शिकार व्यक्तियों के चेतन मन को उनका ज्ञान तक नहीं होता; पर यह चिन्ताएं तथा वहम निरंतर अवचेतन मन में स्थिर रहते हैं । इसका दुष्प्रभाव व्यक्ति के सम्पूर्ण मानसिक गुणों पर पड़ता है । जीवन के पग-पग पर प्रतिक्षण चिन्ताग्रस्त विचार घेरे रहते हैं । पश्चिम दिशा में ऐसा एक प्रदेश है, जहां निरंतर तूफान आते रहते हैं । वहां के लोग प्रतिदिन आकाश और बादलों को देखते रहते हैं । तूफान से बचने के लिये कोठरियां बनाते हैं । जब कभी उन्हें उन रक्षा-कोठरियों से दूर जाना पड़ता है तब वह बेचैन हो उठते हैं । वह तूफान के कष्ट की अपेक्षा, उसके आने की आशंका के द्वारा ही हजार गुना कष्ट पाते हैं । किसी भी बीमारी के फैलने पर चिन्ता के कारण जितनी मृत्यु होती हैं, उतनी असली रोग के कारण नहीं । जब कभी महामारी फैलती है तो माताओं को यह चिन्ता रोग से बढ़कर भयंकर रूप से चिपटी रहती है

कि उनके प्यारे बच्चों और उनके प्रियजनों को वह रोग न हो । इस आशंका के कारण ही वह अपने मस्तिष्क को शांत रखने में असमर्थ होती हैं और तब बच्चे वास्तव में उस रोग के शिकार हो जाते हैं तो वह अपने होश-हवाश खोकर अकर्मण्य हो जाती हैं । आशंका सब रोगों से भयंकर रोग है ।

बहुत वर्ष पूर्व यूरोप के कुछ दक्षिणी नगरों में, गली के कोने पर कोलतार के ड्रम इस विश्वास से जलाये जाते थे कि उससे पीला बुखार नहीं फैलेगा । एक सरकारी डाक्टर के कथनानुसार प्रत्येक महामारी में चिन्ता का मनोविज्ञान भारी पार्ट अदा करता है । आवश्यकता इस बात की है कि हम अपना मन दुर्बल न होने दें और बुद्धि विचलित न होने दें । कुछ लोग ऐसे भी हैं जिन्हें यह वहम हो जाता है कि वह अपने मस्तिष्क की शक्तियों को खो रहे हैं, अपनी स्मरण शक्ति गंवा रहे हैं । एक व्यक्ति ने बताया कि एक बार वह वाशिंगटन के किसी होटल में ठहरा । जब क्लर्क ने उसका नाम पूछा तो वह अपना नाम न बता सका, भूल गया । इससे वह कई मास चिन्ताग्रस्त रहा । वह तो न केवल अपने मित्रों का बल्कि अपना भी नाम भूल गया था।

आशंकाएं:

आशंका करना मूर्खता है! जितना ही हम आशंका से भयभीत होते हैं उतना ही हम संकट के प्रतिरोध की अपनी शक्ति को दुर्बल बनाते हैं । जो लोग रोग और संकटों के चिन्हों को निरंतर देखने में लगे रहते हैं वह वहम में फंसते चले जाते हैं । उन चिन्हों व लक्षणों का बढ़ा-चढ़ाकर वर्णन करते रहते हैं । अपनी दुर्बलताओं को बढ़ा-चढ़ाकर देखने और अपनी शक्तियों को तुच्छ समझने का परिणाम यह होता है कि संकट और कष्ट को स्वयं तथा समय से पहले ही निमंत्रण देते हैं । अधिकांश लोगों के अवचेतन मन में यही तथ्य छिपा रहता है । जब लोग अपने भय के कारणों की परिभाषा भी नहीं कर पाते । एक कोने में क्रिया शून्य बैठकर केवल कष्ट की प्रतीक्षा किया करते हैं । मेरे एक परिचित व्यक्ति की बात है कि जब से उसने होश संभाला तब से ही उसने एक ही चिन्ता को पाल रखा था । बरसों व्यतीत होने पर भी गुपचुप वह उस चिन्ता के कारण भयंकर कष्ट प्राप्त करता रहा । उसे डर था कि उसे एक दिन न्यायालय में जाना पड़ेगा और निर्दयी वकील के टेढ़े प्रश्नों का उत्तर देना पड़ेगा ।

वास्तव में कोई विरला ही ऐसा व्यक्ति होगा, जो जीवन का पूर्ण आनन्द प्राप्त करता है । हम आधे ही मन से, अधूरे ढंग से विश्राम करते हैं । आनंद की हल्की सी झलक कभी-कभार ही पाते हैं । आनंद के क्षण तनिक उड़ते-उड़ते हमारी ओर आ जाते हैं, पर चिन्ता की आंधी शीघ्र ही उन्हें उड़ा देती है । एक महान सम्राट का कहना था कि उसके जीवन में केवल 100 साल में 98

दिन आनंद के आये थे । एक सम्राट अथवा राजा के लिये यह बात सही हो सकती है, परन्तु जन साधारण भी यह कहते हैं कि उनके जीवन में आनंद नहीं है, तो सचमुच आश्चर्य होता है । अब तक आपके जीवन में आनंद के कितने दिन आये? कितने दिन आप चिन्तामुक्त रहे? सच तो यह है कि हममें से बहुत ही कम लोगों के मन उन वस्तुओं के लिए खुले रहते हैं जो आनन्ददायक होती हैं ।

कुछ वर्ष पूर्व एक लेख में बताया गया था कि किसी लेखक ने आपरेशन के पश्चात अपनी अनुभूतियों का वर्णन किया था । लेख का नाम था-वास्तविकता के बीस मिनट- । उसका संक्षिप्त सार इस प्रकार है-बसन्त के आरंभ के दिन थे। आकाश बादलों से ढंका था । अस्पताल के वातावरण में कुछ भी आनंद न था। अकस्मात मुझे प्रसन्नता तथा आनंद से भरपूर प्रकाश का एक नवीन लोक दिखाई दिया । मैं कह नहीं सकता कि अकस्मात क्या रहस्यमय परिवर्तन हुआ । मैंने देखा कि पुरानी सभी वस्तुओं में नयी ज्योति का आलोक बिखर रहा था और मुझे विश्वास हो रहा था कि वह प्रकाश वास्तविक है । मैंने देखा कि किस प्रकार सम्पूर्ण जीवन सुखपूर्ण और आनन्द से भरपूर है । उस समय आता प्रत्येक व्यक्ति, उड़ती हुई प्रत्येक चिड़िया, मुझे उसी असीम सौन्दर्य का अंग प्रतीत होती थी । उस सौन्दर्य की मोहकता हर्ष व आनन्द से भरपूर थी । उन गौरवमय क्षणों में मुझे अपने सम्मुख प्रेम की अनुभूति हो रही थी । उस सबसे बढ़कर चमत्कार हुआ कि मुझे अनुभूति हुई कि केवल जीना ही आनन्द से भरपूर सत्य है । उस समय मेरी सम्पूर्ण आत्मा आनन्द से गदगद हो गई।-अब यदि एक व्यक्ति के लिए इस प्रकार की आनंदमयी अवस्था में 20 मिनट तक जीवन व्यतीत करना संभव है, तो क्या हम नहीं जी सकते हैं? व्यावहारिक मनोविज्ञान के जन्मदाता प्रो० विलियम जेम्स का कथन बड़ा सार्थक है । उन्होंने अपने छात्रों से कहा था-अपनी स्थिति को जैसी है, वैसी ही स्वेच्छा से स्वीकार करो, क्योंकि होनी को स्वीकार करना दुर्भाग्य के किसी परिणाम पर विजय होने का पहला कदम है । चीनी दार्शनिक-लिन युटांग ने अपनी लोकप्रिय पुस्तक में इन्हीं भावों की अभिव्यक्ति की थी । उनका विचार था कि अनिष्ट को स्वीकार करने से मन को सच्ची शांति प्राप्त होती है। मानस-विज्ञान के अनुसार इसका आशय नवीन शक्ति का संचारण है । एक बार अनिष्ट को स्वीकार कर लेने के पश्चात जानने के लिए अधिक बार फिर नहीं रह जाता ।

न्यूयार्क में तेल का व्यवसाय करने वाले एक व्यक्ति ने अपनी कहानी सुनाई-मैं छला जा रहा था । मुझे विश्वास नहीं हुआ कि ऐसी बातें हम सिनेमा के पर्दे के अतिरिक्त अन्यत्र भी कहीं देख सकते हैं । मैंने इसकी कल्पना तक नहीं की थी । सचमुच ही मैं छला जा रहा था । यह सब कैसे हुआ सुनिए-जिस तेल कम्पनी का मैं अधिकारी था, उसके माल पहुंचाने वाले कई ट्रक और

ड्राइवर थे। उन दिनों 'ओपा' नियमों का बड़ी कठोरता से पालन किया जाता था और हमारी कंपनी, ग्राहकों को जितनी मात्रा में तेल सप्लाई करती थी उसका राशन हो गया था और हम नियमित ग्राहकों को तेल की निश्चित मात्रा से कम तेल देते थे। फिर बचा हुआ तेल अपने ग्राहकों को बेच दिया करते थे। मैं इस बारे में कुछ नहीं जानता था। इस गैर-कानूनी सौदे का सुराग मुझे तब मिला, जब एक व्यक्ति सरकारी इंस्पेक्टर के रूप में आया और उसने मुझसे रिश्वत की मांग की। हमारे ड्राइवरों का लिखित प्रमाण उसके पास प्रस्तुत था। उसने मुझे धमकी दी कि मेरे रिश्वत न देने पर वह इन प्रमाणों को जिला एटर्नी के कार्यालय में पेश कर देगा। यह तो मैं जानता था कि व्यक्तिगत रूप से इस विषय में चिन्तित होने की मुझे कोई बात नहीं, मैं जानता था कि कर्मचारियों के कार्य के प्रति फर्म भी उत्तरदायी होती है। यह भी विदित था कि यह मामला अदालत तक गया और उसकी चर्चा अखबारों में छपी तो मेरा व्यवसाय नष्ट हो जाएगा। चौबीस वर्ष पूर्व अपने पिता द्वारा स्थापित इस व्यवसाय पर मुझे बड़ा गर्व था। इस चिन्ता के कारण मैं बीमार पड़ गया और तीन दिन और तीन रात तक सो नहीं सका। इसी उलझन में चक्कर काटता रहा कि पांच हजार डालर की रिश्वत उस व्यक्ति को दे दूँ कि वह कुछ न करे।

रविवार की रात्रि मैंने एक पुस्तक में पढ़ा- 'आत्मविश्वास से अनिष्ट का सामना करें।' घूस न देने पर यदि धूर्त कुछ लिखित प्रमाण जिला एटर्नी को बता दे तो क्या होगा? स्पष्ट था व्यवसाय की बरबादी। यही एक अनिष्ट था, जो हो सकता था। जेल मुझे हो नहीं सकती थी, यदि कुछ होता तो यही कि कुप्रचार के कारण मैं बरबाद हो जाता। तब मैंने मन ही मन सोचा-व्यवसाय ही तो नष्ट होगा, और क्या होगा? मुझे नौकरी खोजनी होगी? तेल व्यवसाय संबंधी मेरे अनुभवों के कारण कई कम्पनियां मुझे अपने यहां नौकरी दे देंगी। जिस उलझन के कुहरे से मैं घिरा था वह हटने लगा। मेरी उद्विग्रता समाप्त हो गई। एक सर्वथा नवीन दृष्टिकोण मुझे मिल गया कि मैं यदि अपने एटर्नी को यह सारा किस्सा सुनाऊं तो संभव है कि यह कोई ऐसा रास्ता निकाल सके जो अब तक मेरे मन में न आया हो। मैंने उसी समय निश्चय किया कि सवेरे उठते ही पहला काम एटर्नी से मिलने का करूँगा। मेरे वकील ने मुझे जिला एटर्नी से मिलकर सच बता देने की सलाह दी। मैंने ठीक वैसा ही किया। जब जिला एटर्नी ने मुझे यह बताया कि यह ठगी का व्यवसाय कई महीनों से चल रहा है और जो व्यक्ति सरकारी एजेंट के रूप में मेरे पास आया था वह एक बदमाश था जिसकी पुलिस को तलाश है, तो मेरे आश्चर्य का ठिकाना न रहा। ठगी का व्यवसाय करने वाले इस बदमाश को पांच हजार डॉलर देने न देने की दुविधा में तीन रात और तीन दिन तक संतप्त रहने के पश्चात् यह सब सुनकर

मुझे कितनी राहत मिली, यह मैं ही जानता हूं। इस अनुभव ने मुझे सदा के लिए यह सिखा दिया, क्योंकि अब जब परेशान कर देनेवाली कोई विशेष समस्या मेरे सिर पर आ पड़ती है तो मैं इसी चिन्ता निवारण विधि का सहारा लेता हूं।

काल्पनिक चिंताएं:

वास्तव में यह सूत्र चिन्ताजनक समस्याओं का हल करने में एक अचूक उपाय का काम करने वाला है। इससे आपकी समस्याओं का समाधान संभव है। अतएव तीन अवस्था वाले इस सूत्र का प्रयोग अवश्य कीजिए-अपने आपसे पूछिए कि संभावित अनिष्ट क्या हो सकता है? यदि अन्य कोई उपाय न हो तो उसे स्वीकार कर लीजिए, धैर्यपूर्वक उस अनिष्ट को सुधारने के लिए आगे बढ़ चलिए। निश्चय ही आपको लाभ होगा। हमारी अधिकांश शंका किसी न किसी प्रकार की मूर्खतापूर्ण कल्पनाओं से भरी होती है। हम अपना जीवन बहुत-सी ऐसी बातों की चिन्ता में व्यतीत करते हैं, जो वास्तव में कभी नहीं होतीं। एक बार एक लेखक ने लिखा था - यदि चलने को तैयार खड़े जहाज या जलयान में सोचने-विचारने की शक्ति होती, तो वह सागर की उत्ताल तरंगों को देखकर डर जाता कि तरंगें उसे निगल लेंगी और वह कभी भी बन्दरगाह से बाहर न निकलता। फिर वह यह भूल जाता कि उसे एक समय में सागर की एक ही तरंग से निपटना पड़ता है।

एक किसान की किशोरी कन्या प्रतिदिन दूध दुहने के लिए जब जाया करती थी तो मार्ग में एक गहरा नाला पड़ता था। इस नाले के ऊपर एक शहतीर पड़ा हुआ था। वह किशोरी उस शहतीर से होकर पार जाती और वापिस आती थी। एक दिन जब वह दूध दुहकर वापस लौटी तो फूट-फूटकर रोने लगी। उसको बहुत समझाया-बुझाया गया, जब इसका कारण पूछा गया तो उसने जो उत्तर दिया वह उसकी मूर्खतापूर्ण कल्पना की एक लम्बी उड़ान था। उसने विचित्र कारण बतलाया कि जब मैं शहतीर पर से नाला पार कर रही थी तो मुझे विचार आया कि जब मेरा विवाह हो जाएगा तो एक बच्चा होगा और तब जब मैं दूध दुहने जाऊंगी तो मेरे पीछे-पीछे मेरा बच्चा भी शहतीर पर से होता हुआ नाले में गिरकर पानी में बह जाएगा।

एक अन्य व्यक्ति मेरा परिचित है। वह सदा संकट और कष्ट की आशंका करता रहता है। वह सदैव यही सोचता रहता है कि वह भूल कर रहा है। सदा अभाग्यशाली है। सब बातें उसके विरुद्ध हो रही हैं चाहे वह कितना ही परिश्रम का काम करे, फल सदा उसकी इच्छा के विपरीत होता है। जब तक उसकी मनोदशा ऐसी है, तब तक वास्तव में फल उसकी इच्छा के विपरीत ही होगा, क्योंकि हम उन्हीं बातों को अपनी ओर आकर्षित करते हैं जो हमारे मनोभावों के अनुकूल होती हैं। हम इसके विरुद्ध-इस नियम के विपरीत चल ही नहीं सकते।

नकारात्मक या निषेधात्मक रीति से सोचते हुए जो एक नियम का पालन कर रहा है, उससे रचनात्मक उपलब्धि कैसे हो सकती है?

वह अदृश्य सागर में जो कुछ डाल रहा है, उसी का विकास होगा और वही उसे फल के रूप में प्राप्त होगा । आप किसी मनुष्य की मनोदशा को जानते हैं तो आप बता सकते हैं कि उसका वातावरण क्या है, संसार के साथ संपर्क में उसकी स्थिति कैसी है और उसकी क्या अवस्था होने वाली है । यह इस बात से ज्ञात हो जाएगा कि वह व्यक्ति आशा से ऊपर की ओर देख रहा है या निराशा में डूब नीचे की ओर देख रहा है कि कोई मनुष्य किधर आ रहा है, यह बात उसका चेहरा देखकर उससे बातचीत कर जीवन के प्रति उसकी मानसिक प्रवृत्ति, संसार के प्रति रुचि और स्वयं अपने प्रति उसकी प्रवृत्ति को देखकर बता सकते हैं । बीज देखकर ही आप बता सकते हैं कि पौधा किस तरह का होगा? जो मनुष्य अपने को सदा अभागा समझता है, जो स्टेशन पर सदा उस समय पहुंचता है जब गाड़ी निकल चुकी होती है, जो बाजार से ऊंचे से ऊंचे दामों पर खरीदकर नीचे से नीचे दाम पर माल बेचता है, उसका भविष्य क्या होगा, इसका अनुमान सरलता से हो सकता है ।

कुछ लोग यात्रा से पूर्व ही खराब मौसम की आशंका करने लगते हैं, जहाज के साथ भयंकर दुर्घटना के भय से त्रस्त होने लगते हैं । जलयान में पैर रखने से पूर्व ही समुद्र-रोग से पीड़ित हो जाते हैं । इसके विपरीत जो यात्री समुद्र-यात्रा के सुन्दर दृश्यों और विविध प्रकार के मौसम के लुभावने आनंद की कल्पना करते हैं, उस यात्रा के उल्लास में हर्ष-विह्वल हो जाते हैं, यात्रा चाहे जितनी ही कठिन हो, उन्हें कोई कष्ट नहीं होता है । प्रसन्नचित्तता के लिए प्रसिद्ध एक महान पुरुष से एक बार मैंने पूछा-आप अपने मानसिक आनंद को किस प्रकार स्थिर रखते हैं? उत्तर में उन्होंने बताया-मैं किसी भी आनेवाले अभाग्य की आशंका से अपने मन को ग्रस्त नहीं होने देता । मैं सदा सौभाग्य की आशा करता हूं और यदि कभी कोई अप्रिय प्रसंग आ भी जाते हैं तो उन्हें भी प्रिय बना डालता हूं । उसमें भी प्रसन्नता और आनंद का रास्ता खोज लेता हूं ।

अनंतकाल से मनुष्य स्वभावतः नाना प्रकार की काल्पनिक चिन्ताओं से ग्रस्त रहा है । चिन्ता, त्रास, भय उसे सदा घेरते चले आए हैं । इनके द्वारा मनुष्य स्वयं ही अपने-आपको पीड़ित करता चला आ रहा है । किसी संकट के आने की आशंका, किसी दुर्घटना का भय, अस्वस्थ होने का डर, किसी रोग का, प्राकृतिक घटनाओं का, मेघ गर्जन का डर, बिजली कड़कने का डर, अग्निकाण्ड से भय, भूकम्प और मृत्यु से भय मनुष्य को निरन्तर सताते रहते हैं। समय-समय पर इनकी संख्या में वृद्धि होती गई और इनके साथ असफल होने का भय, निर्धनता का भय मनुष्य के जीवन को आक्रांत कर पहले ही दुखी कर रहे हैं । यह समस्त

भय-परम्परा उन दुर्बल-हृदयों को निरन्तर कष्ट देती रही है, जो स्वयं को उस वास्तविक सत्ता से पृथक कर लेते हैं, जो आनंद के उस असीम भण्डार से अपना संबंध-विच्छेद कर लिया करते हैं ।

मानव-समाज का बहुत बड़ा समूह नित्य प्रति शंकाओं के सम्मुख आत्म समर्पण करता रहता है । प्रायः हम किसी कार्य के बारे में सोचते हैं, उसकी योजना तथा उसके साधनों की चिन्ता करते हैं । मार्ग में आने वाली बाधाओं को सोचते हैं । रात को गहरी नींद नहीं आती है । आशंकाएं घेरती हैं । हम भयभीत हो जाते हैं और हमारा रक्त सूख जाता है । हम भली-भांति कार्य करने के योग्य भी नहीं रह पाते । प्रगति के स्थान पर अवनति हमारे हाथ लगती है । यह सब क्यों होता है? इसके विपरीत यदि मनुष्य शंकाएं छोड़कर चिन्तन-मनन करे और मन को प्रसन्न रखते हुए अपने लक्ष्य की ओर बड़े तो निःसंदेह उसका कार्य अपने आप योजनानुसार होता चला जायेगा । उसमें कोई बाधा कभी नहीं आयेगी ।

डाक्टर सेलेंडर ने इस विषय में जनरल गुर्ज से संबंधित एक घटना का उल्लेख किया है । चांसलर विले की लड़ाई के दिन प्रातःकाल जनरल शुर्ज जब नींद से जागा तो उसके मन में यह दृढ़ निश्चय था कि उसका अन्त आ गया है । उसने अपने इस विचार को मन से हटाने का प्रयत्न किया परन्तु असफल रहा। जैसे-जैसे दिन व्यतीत होता गया उसका यह निश्चय दृढ़ होता गया । अन्त में वह बैठकर अपने परिवार के लोगों को अन्तिम पत्र लिखने लगा । जब उसकी टुकड़ी को मोर्चे की अग्रिम पंक्ति में बुलाया गया तब वह जानता था कि उसकी कल्पना सच होने वाली है । जब वह घोड़े पर सवार होकर शत्रु पर आक्रमण करने दौड़ा तो कुछ ही क्षण के बाद उसका अंगरक्षक शत्रु की तोप से मारा गया । यह देखकर जनरल शुर्ज का भाव बदल गया । उसने मृत्यु को इतने निकट से देखा तो भय का लेशमात्र भी उसके मन में शेष न रहा । वह बेझिझक सबसे कठिन मोर्चे पर शत्रु से भिड़ गया । जब वह लौटा तो उसके मुख पर मुस्कान थी । उसका बाल भी बांका न हुआ । इस उदाहरण के दो पहलू हैं । पहला यह है कि संसार का कठोर-से-कठोर और दृढ़ से दृढ़ व्यक्ति भय से त्रस्त हो सकता है । दूसरा वह कि प्रत्येक मनुष्य किसी न किसी ऐसे संकट की चिन्ता लगाये रहता है, जो कभी आता ही नहीं है । बहुत से वीर जवान सोचते हैं एक ही गोली है जिस पर मेरा नाम लिखा है, जब तक वह नहीं लगेगी तब तक संसार की कोई शक्ति मार नहीं सकती है । अब यदि एक सैनिक युद्धभूमि में निर्भय और आत्मविश्वासी होकर जाता है, तो जो लोग मोर्चे पर नहीं जा रहे हैं और फिर भी भय से त्रस्त हैं, उन्हें मूर्ख नहीं तो क्या कहा जा सकता है ।

यह नियम बना लो कि जब तक किसी पुल के पास न पहुंच जाओ, उसे पार करने का प्रयत्न मत करो और जब तक संकट न आ जाए, तब तक उसकी शंका न करो । संकट के आ जाने पर भय मत करो । जो मनुष्य कल की चिन्ता आज ही लगा लेता है, जो कल की हानि से आज ही

भयभीत हो जाता है वह कायर है और कायर व्यक्ति को न अपने पर विश्वास होता है और न भगवान पर । ऐसा व्यक्ति तुच्छ ही बना रहेगा । वह कभी कोई महान कार्य नहीं कर सकता है । यह एक सत्य है कि हमें अपने लिये तथा अपने परिवार के लिये रोटी की प्रतिदिन आवश्यकता होती है । जब हम सोने लगते हैं तो नींद नहीं आती । कल की रोटी की चिन्ता आ घेरती है । इससे हम अपनी बहुमूल्य शक्ति खो बैठते हैं । जो शक्ति कल प्रातः हमारे काम आनी थी उसे चिन्ता खा जाती है, कल प्रातः जो संघर्ष हमें करना था उसके लिये हमारी शक्ति का संचय नहीं हो पाता । संभवतः कोई भी चिन्ता मनुष्य को इतनी कभी नहीं सताती जितनी कल की रोटी की चिन्ता । कभी उसकी चिन्ता, कभी गंभीर चिन्ता अथवा कभी सामान्य चिन्ता, सब चिन्ताएं हमारी कार्य करने की क्षमता को कम कर देती हैं । चिन्ता हमारी प्रतिदिन की समस्याओं को सुलझाने की अपेक्षा उन्हें और भी कठिन बना देती है । जिस समय हम चिन्ताग्रस्त होते हैं, उस समय सोचने की शक्ति खो बैठते हैं और तब कार्य करने का बल नहीं रह जाता ।

आज तक भय और चिन्ता से कभी कोई रचनात्मक कार्य नहीं हुआ । यदि उन्होंने कोई काम किया है तो यही कि अगणित पुरुषों और असंख्य स्त्रियों को कार्य करने के योग्य बना दिया है । बहुत लोगों ने भय और चिन्ता द्वारा आत्महत्या तक कर ली और बहुत से लोग दिन-रात इसके घेरे में पड़े आशंकाग्रस्त उस संकट की प्रतीक्षा करने में दुःख भोगते रहते हैं जो संकट कभी आता ही नहीं है । पैसे की कमी, आर्थिक दुश्चिन्ता के कारण बहुत से लोग अपने ऊपर अत्याचार करते हैं और रात-दिन जागते रहते हैं । ऐसे समय कुछ भी काम नहीं कर पाते, क्योंकि उनकी शक्तियां ही कुण्ठित हो जाती हैं । अपने भविष्य को निर्धनता के संकट से ग्रस्त देखते हैं, आगे के बुरों दिनों की कल्पना से भयभीत रहते हैं, अपने भविष्य में असफलता और दुर्भाग्य ही देखने में अपना सारा सुख नष्ट कर देते हैं ।

बहुत से मनुष्य व्यर्थ की अनहोनी कल्पनाओं से अपने जीवन को निरर्थक बना डालते हैं । वह समझते हैं कि उनके ऐसे दिन आने वाले हैं जिनमें आनंद नहीं होगा, सुख नहीं होगा । जब वह दिन आ जाते हैं और कोई दुःख या संकट नहीं आता तो यह लोग उनसे आगे के दिनों के विषय में उसी प्रकार की दुश्चिन्ताओं से ग्रस्त हो जाते हैं । इन दुश्चिन्ताओं के चक्र में ही उनका सारा जीवन व्यतीत हो जाता है । एक नीग्रो स्त्री ने अपने पति से कहा- '6 दिन के भीतर किराया देना है ।' पति का उत्तर था- 'ठीक है किन्तु 5 दिन उसके लिये चिन्ता नहीं करनी चाहिए । क्योंकि हमें किराया देना है, न कि चिन्ता करनी है कि किरायानामे में चिन्ता की कोई शर्त नहीं लिखी हुई ।

आप सोचिए-विचारिये, हिसाब कीजिए, काम की योजना बनाइए और पूर्ण कीजिए, प्रतिज्ञा कीजिए तो उसको निभाइए, पर चिन्ता मत कीजिए । चिन्तन कीजिए, पर चिन्ता मत कीजिए । दोनों में आकाश पाताल का अन्तर है । सबसे सीधा लाभप्रद मार्ग है- 'चिन्ता को

55 आत्मविश्वास की पूंजी

छोड़ दो और काम में जुट जाओ। जो बीत गयी उस पर पछतावा मत करो। जो आने वाली है उस पर चिन्ता मत करो-बस, कार्यरत रही।' अपनी मनोवृत्ति को चिन्ता में मत बहने दो। इससे कुछ लाभ न होगा। चिन्ता का प्रवाह आपकी शक्तियों को बहा ले जायेगा। अपनी कार्यशक्ति व्यर्थ नष्ट मत करो। रचनात्मक कार्य में लगे रहो और काम का आनंद उठाओ। जीवन सफल रहेगा। लेकिन यह तब ही सम्भव है जब आप आत्मविश्वासी बनें।

आत्मविश्वास की आवश्यकता

किसी व्यक्ति को शारीरिक चिन्ताएं हैं तो किसी को मानसिक और किसी-किसी व्यक्ति को तो असम्भाव्य चिन्ताएं घेरे रहती हैं । चिन्ता करके मनुष्य अपने-आपको पीड़ित-संतस करता चला आ रहा है ।

सभी युगों में मानव अनेक प्रकार की चिन्ताओं से ग्रस्त रहा है । चिन्ता का रूप चाहे जो रहा हो, उसका स्वभाव ही चिन्ता करने का बन गया है । किसी व्यक्ति को शारीरिक चिन्ताएं हैं तो किसी को मानसिक और किसी-किसी व्यक्ति को तो असम्भाव्य चिन्ताएं घेरे रहती हैं । चिन्ता करके मनुष्य अपने- आपको पीड़ित-संतस करता चला आ रहा है । सदियों से भय, चिन्ता, त्रास आदि उसे ग्रसित करते चले आ रहे हैं ।

चिन्ता एक ही प्रकार की नहीं होती, प्रत्येक व्यक्ति को अलग-अलग तरह से चिन्ताएं सताती हैं । किसी को आर्थिक तो किसी को शारीरिक । किसी को धन की कमी की चिन्ता तो किसी को और अधिक धन जमा करने की चिन्ता । किसी को ऋण अदा करने की चिन्ता तो किसी को ऋण वसूल करने की चिन्ता । किसी को वर्तमान की चिन्ता तो किसी को भविष्य सुन्दर बनाने की चिन्ता । किसी-किसी व्यक्ति को तो असम्भाव्य कल्पनाओं की चिन्ता सताती रहती है ।

चिन्ताओं का भूत:

हमारी अधिकतर चिन्ताएं तो निराधार और मूर्खतापूर्ण होती हैं, कभी-कभी तो हास्यास्पद होती हैं । बहुत-सी ऐसी चिन्ताओं में हम अपने जीवन को ग्रस्त कर लेते हैं जो यथार्थ से मेल नहीं खाती । वास्तव में उनका कोई आधार नहीं होता ।

एक किसान की किशोरी कन्या थी । प्रतिदिन दूध दुहने के लिये उसको एक नाला पार करके जाना पड़ता था । नाला पार करने के लिये उसके ऊपर एक शहतीर रखा हुआ था, उसी शहतीर पर चलकर वह दूध दुहने जाती और वापस आया करती थी । एक दिन जब वह दूध लेकर वापस लौटी तो अचानक फूट-फूटकर रोने लगी । जब उसके इस तरह रोने का कारण पूछा गया तो उसने बताया-"आज जब मैं नाला पार कर रही थी तो मेरे मन में विचार आया

कि एक दिन मेरी शादी हो जायेगी और फिर बच्चा भी होगा । उस समय जब मैं दूध दुहने के लिये जाऊंगी तो वह बच्चा भी मेरे साथ-साथ आयेगा । जब मैं शहतीर पर चढ़कर नाला पार करूंगी तो मेरे पीछे-पीछे वह भी नाला पार करने के लिए शहतीर पर आ जायेगा, लेकिन बच्चा कैसे शहतीर पर चल सकेगा । वह तो नाले में गिरकर पानी में बह जायेगा ।"

एक लेखक ने लिखा था कि-"यदि सागर में चलने के लिए तैयार खड़े जहाज में विचार-शक्ति होती तो वह जरूर इस आशंका से भयभीत हो जाता कि सागर की ऊंची उठती लहरें उसे डुबो देंगी और भयभीत होकर वह कभी सागर के बीच जाने को तैयार न होता । बन्दरगाह से हिलता भी नहीं । उस समय वह यह बात भुला देता कि एक समय में केवल एक लहर का ही उसे सामना करना है और इसके लिए वह समर्थ है ।

एक ऐसे व्यक्ति से मेरा परिचय है जो सदा सम्भावित कष्ट और संकट से आशंकित रहता है । उसका विचार है कि अभी तक वह यह भूल करता रहा है कि वह भाग्यशाली है । जबकि उसका सारा परिश्रम व्यर्थ जा रहा है । वह जो भी काम करता है वह उसके विरुद्ध ही जाता है । उसे अपने काम का कोई फल नहीं मिलता । उसे आशंका है कि उसका भाग्य ठीक नहीं है । जब तक उसके मन में इस तरह की आशंका बनी रहेगी तब तक उसे उल्टा ही फल मिलता रहेगा । हम उन्हीं चीजों को अपनी ओर आकर्षित करते हैं जो हमारे मन के भावों के अनुरूप होती हैं । इस नियम के विरुद्ध हम आचरण नहीं कर सकते । जो व्यक्ति किसी काम को संदेह की दृष्टि से देखते हैं वह काम उन्हें लाभ किस तरह पहुंचा सकता है । जैसा हम बो रहे हैं, वैसा ही तो काटना भी होगा ।

किसी व्यक्ति की मनोवृत्ति को जानकर उसके वातावरण को जाना जा सकता है । दूसरे लोगों के साथ उस व्यक्ति का कैसा व्यवहार है अथवा कैसा होने वाला है, यह इस बात पर निर्भर करता है कि यदि किसी व्यक्ति के विचार जीवन के उत्थान की ओर हैं तो वह उन्नति करेगा । और हताश या हीन विचार हैं तो पतन की ओर चला जाएगा ।

जिस प्रकार किसी बीज को देखकर आप यह बता सकते हैं कि बीज का पौधा किस तरह का होगा, उसी तरह किसी व्यक्ति का चेहरा देखकर, उससे वार्तालाप करके, जीवन के प्रति उसके विचारों को जानकर और यह मालूम करके कि वह कैसी प्रवृत्ति का व्यक्ति है, आप यह बता सकते हैं कि वह उन्नति की ओर अग्रसर है अथवा अवनति की ओर ।

जो व्यक्ति सदा अपने को भाग्यहीन समझता है, जो व्यक्ति उस समय स्टेशन पर पहुंचता है जब गाड़ी छूट गई होती है अथवा कोई व्यापारी ऊंचे दामों पर किसी चीज को खरीद कर कम

दामों पर बाजार में उसी चीज को बेचता है, उसके भविष्य के बारे में अनुमान लगाना ज्यादा कठिन नहीं होगा ।

कुछ लोग समुद्री जहाज की यात्रा करने से पहले ही मौसम के खराब हो जाने की शंका मन में बिठा लेते हैं या भयंकर दुर्घटना के विचारों से घबरा जाते हैं, उन्हें समुद्री जहाज में चढ़ने से पूर्व ही समुद्री रोग घेर लेते हैं । जिन यात्रियों के मन में समुद्री जहाज की यात्रा में अनेक लुभावने दृश्य, अनेक प्रकार के मौसम की कल्पना होती है; वे उस यात्रा के अपूर्व मनमोहक विचारों से ओत-प्रोत उत्साहित और प्रफुल्लित होते हैं । यात्रा की कठिनाइयों में भी वे प्रसन्नता अनुभव करते हैं ।

एक महान व्यक्ति जो सदा प्रसन्नचित्त रहने के लिए विख्यात थे, उनसे मैंने पूछ्छा-"आप अपने मानसिक आनन्द को किस प्रकार स्थिर रखते हैं ?" मेरे प्रश्न के उत्तर में उन्होंने बताया- "मैं कभी अपने मन में सम्भावित-दुर्दिन के विचारों को ठहरने नहीं देता । मैं हमेशा अच्छे भाग्य की ही आशा करता हूं यदि कभी अनचाहे किसी प्रकार की दुःखद बात हो भी जाती है तो भी उसे सुखद बना लेता हूं । उसमें भी किसी न किसी तरह प्रसन्नता निकाल ही लेता हूं ।"

सदियों से मानव अनेक प्रकार की चिन्ताओं से ग्रस्त हो रहा है जिनमें से कुछ चिन्ताएं तो उसकी काल्पनिक आशंकाओं की उपज होती हैं । अस्वस्थ होने का डर, किसी दुर्घटना की आशंका, मृत्यु का भय, भूकम्प के आने की आशंका आदि मानव को आतंकित कर दुख के आने से पहले ही दुखी कर देती हैं । यह काल्पनिक दुख उन निर्बल हृदय व्यक्तियों को लगातार कष्ट दे रहे हैं जिन लोगों का सम्बन्ध सच्चिदानन्द ईश्वर से पृथक हो गया है जो आनन्द का अपार सागर है।

मानसिक प्रशिक्षण के अभाव में प्रायः हम किसी कार्य को करने के बारे में विचार करते हैं, तब उसकी योजना बनाते समय उसमें काम आने वाले साधनों की चिन्ता करते हैं । उसके रास्ते में आने वाली कठिनाइयों के बारे में सोचते हैं । हमें विभिन्न प्रकार की आशंकाएं घेर लेती हैं, रात्रि को ठीक से नींद भी नहीं आती और भय सताता रहता है । यहां तक कि भय के कारण हमारा खून भी सूख जाता है और हमारी कार्यक्षमता नष्ट हो जाती है । हम काम करने के अयोग्य हो जाते हैं । प्रगति की बजाय अवनति ही रह जाती है।

निश्चिन्तता, प्रसन्नता एवं उत्साहः

यदि इसके विपरीत कोई व्यक्ति निश्चिन्त होकर मन में प्रसन्नता और उत्साह लाकर अपने कार्य को करता है तो उसका कार्य उसकी इच्छानुसार होता चला जाता है और वह व्यक्ति

अपने लक्ष्य को सुगमता से प्राप्त कर लेता है । उसके काम में किसी तरह की रुकावट नहीं आती।

इसको और स्पष्ट किया है डाक्टर सेलेंडर ने जिन्होंने जनरल गुर्ज से सम्बन्धित एक घटना का उल्लेख इस प्रकार किया है-चांसलर विले के युद्ध में उस दिन जनरल गुर्ज जब प्रातःकाल सोकर उठा तो उसके मन में यह आशंका दृढ़ हो गई कि अब उसकी मौत निश्चित है । इस विचार को मन से हटाने का उसने भरसक प्रयास किया किन्तु सफल न हो सका । इसी विचार में डूबते-उतराते शाम हो गई और उसका यह विचार दृढ़ विश्वास में बदलने लगा । अन्त में बैठकर उसने अपने परिवार को एक पत्र लिखा ।

जब मोर्चे पर उसकी टुकड़ी को अग्रिम पंक्ति में जाने का आदेश हुआ तब उसे अच्छी तरह मालूम था कि उसका विचार सत्य होने वाला है । जब वह घोड़े पर सवार होकर शत्रु पर हमला करने आगे बढ़ा तो थोड़ी ही देर बाद उसका अंगरक्षक शत्रु की तोप से मारा गया । यह देखकर जनरल गुर्ज का भाव अचानक बदल गया ।

इतने निकट से मौत को सामने देखकर उसके मन का भय दूर हो गया । निर्भय होकर, सबसे भयानक मोर्चे पर शत्रु से भिड़ गया । उसका बाल भी बांका न हुआ और शाम को वह खुशी-खुशी वापस लौट आया ।

इस कथा के दो पहलू हैं-पहला यह कि संसार में, साहसी-से-साहसी और निडर व्यक्ति भी भयभीत हो सकता है । दूसरा पहलू यह है कि प्रत्येक मनुष्य किसी ऐसी आपत्ति की चिन्ता करता रहता है जो कभी आती ही नहीं है । अनेक वीर जवान विचार करने लगते हैं, "एक ही गोली शेष है, इस पर मेरा नाम है, जब तक वह गोली मुझे नहीं लगती, तब तक मुझे संसार की कोई शक्ति नहीं मार सकती ।" जो लोग युद्ध के मैदान में लड़ने भी नहीं जा रहे और भयभीत हैं, उन्हें मूर्ख ही कहा जा सकता है ।

जो मनुष्य आने वाले कल के बारे में आज ही चिन्ताग्रस्त हो जाते हैं, जो व्यक्ति संभावित हानि से आज ही भयभीत होने लगते हैं, वह कायर होते हैं । कायर व्यक्ति को न अपनी क्षमता पर भरोसा होता है और न भगवान की असीम शक्ति पर । ऐसा व्यक्ति हीन ही बना रहता है वह कभी महान व्यक्ति बन ही नहीं सकता ।

यह नियम बना लो कि जब तक तुम किसी पुल के पास न पहुंच जाओ, उसको पार करने की कोशिश मत करो और जब तक मुसीबत सामने न आ जाये तब तक उसकी फिक्र मत करो । मुसीबत यदि आ ही जाय तो धैर्यपूर्वक उसका पूरी शक्ति से सामना करो । चिन्ता करने से कोई लाभ नहीं होगा ।

ईसा से पांच सौ वर्ष पूर्व एक ग्रीक दार्शनिक हेराक्लीट्स ने अपने शिष्यों को बड़े गूढ़ ज्ञान की बात बताई थी, "सब कुछ बदलता है, केवल परिवर्तन का नियम नहीं बदलता ।" अपने कथन को और अधिक स्पष्ट करते हुए उन्होंने कहा है, "किसी बहती हुई जलधारा के हर क्षण बदल रहे जल में एक बार पैर रखकर निकाल लेने पर, पुनः उसी जल में दुबारा पैर नहीं रखा जा सकता । क्योंकि तब तक तो वह जल बहते हुए दूर जा चुका होता है ।" जल धारा का जल प्रतिक्षण प्रवाहित होता और बदलता रहता है । यही नियम मानव-जीवन पर भी लागू होता है । जीवन भी लगातार परिवर्तित होता रहता है । इसलिए केवल 'आज' ही सत्य है । अनिश्चित और अनजाने 'कल' की चिन्ता करके, आज के शाश्वत सुख को क्यों व्यर्थ नष्ट किया जाय ।

प्राचीन रोमन विद्वानों का भी यही कहना है कि, "आज को हाथ से न जाने दो, आज का पूर्ण उपभोग करो ।"

विलियम ओसलर नामक युवक मांट्रियल जनरल हास्पिटल में चिकित्सा-शास्त्र का विद्यार्थी था । उसे अन्तिम परीक्षा में उत्तीर्ण होने की बड़ी चिन्ता रहती थी । वह सोचता था-वह क्या करे? कहां जाय? जीविका-उपार्जन के लिए कैसे एक चिकित्सक बने? इसी तरह की अनेक चिन्ताएं उसे त्रस्त करती रहतीं ।

अचानक उसने एक पुस्तक में टॉमस कार्लाइल का लिखा एक वाक्य पढ़ा "दूरस्थ तथा संदिग्ध कार्यों को छोड़ सन्निकट एवं निश्चित कार्यों को हाथ में लेना ही हमारा मुख्य ध्येय होना चाहिए ।" टॉमस कार्लाइल के इस विचार से विलियम ओसलर इतना प्रभावित हुआ कि उसने उसे अपने जीवन में पूरी तरह उतार लिया । परिणामस्वरूप वह अपने समय का एक सुप्रसिद्ध चिकित्सक बन गया । उसने विश्व-विख्यात 'जीन्स हापकिंस स्कूल ऑफ मेडिसन्स' का गठन किया और आक्सफोर्ड के चिकित्साशास्त्र विभाग में रेजियस प्राध्यापक नियुक्त हुए । इंग्लैण्ड के सम्राट ने उसे 'नाट' की उपाधि प्रदान की और उसकी मृत्यु के बाद एक हजार चार सौ छियालीस पृष्ठों के दो बड़े ग्रंथों में उसकी जीवनी लिखी । उसकी महान सफलता का रहस्य था- 'आज की परिधि में रहना' ।

मेरा आप से अनुरोध है कि आप भी अपने इस मंत्र पर आचरण करना सीखिए जिससे कि आप भी उन्नति के शिखर पर पहुंच सकें । आज पर विश्वास मान कर, अज्ञात कल के बारे में चिन्ता करना छोड़ दीजिए । अपने जीवन के हरेक स्तर पर इस का प्रयोग करिए । आप को ज्ञात हो जायगा कि आज के लिए आप निश्चिन्त हैं ।

61   आत्मविश्वास की पूंजी

जो व्यतीत हो गया है वह मरे हुए के समान है, उसकी चिन्ता में कितने ही अज्ञानी लोग काल-कवलित हो गए । गुजरे हुए और आने वाले समय की चिन्ता का बोझ एक साथ आज लेकर चलने वाला कितना ही बलवान क्यों न हो, डगमगा जायगा । आने वाले कल को भी बीते हुए कल की भांति विस्मृत कर देना ही उचित है । आपका आज ही सत्य है । यद्यपि कल नाम की कोई चीज है ही नहीं । भविष्य की चिन्ता करने से व्यर्थ ही में शक्ति क्षीण होती है। मानसिक क्लेश उसे पीड़ित करता रहता है । इसलिए मेरी आपको यही सलाह है कि आज की परिधि में रहने की आदत डालिए ।

सर विलियम ओसलर के कहने का यह अर्थ नहीं है कि आप भविष्य के बारे में कोई योजना ही न बनाएं । उनके कहने का यही अर्थ है कि वर्तमान को हम अच्छे-से-अच्छा बनाएं, भविष्य तो स्वयं बन जायगा ।

कल की व्यर्थ चिंता:

सर विलियम ओसलर ने येन के छात्रों को सलाह दी थी कि प्रत्येक दिन के कार्यों की शुरूआत करने से पहले ईसा की यह प्रार्थना दोहरायें-

"हे प्रभु केवल आज का भोजन जुटा दो ।"

इस प्रार्थना पर ध्यान देने की आवश्यकता है । इसमें केवल आज भर के लिए रोटी की व्यवस्था करने की मांग की गई है । कल की बासी रोटी का जिकर नहीं है । इसमें यह नहीं कहा गया कि "हे प्रभु यदि वर्षा नहीं हुई तो आने वाली पतझड़ में रोटी कहां से मिलेगी अथवा धन्धा खत्म हो गया तो मेरा पालन पोषण कैसे होगा ?"

आज की ही रोटी आपकी अपनी है । इसलिए प्रार्थना में केवल आज के लिए ही रोटी की मांग की गई है । इसके अलावा और कुछ नहीं ।

आज की परेशानियां क्या कम हैं, जो कल की चिन्ता की जाय ।

इसलिए कल की चिन्ता करना छोड़ दो । कल जो होगा स्वयं देख लेगा ।

कुछ लोगों का मानना है कि कल की चिन्ता तो करनी ही चाहिए । अपनी वृद्धावस्था के लिए बचत करनी पड़ेगी और परिवार के लिए भी बीमा आदि करना पड़ेगा ।

सही बात है, भविष्य के लिए योजनाएं बनाइए लेकिन प्रभु ईसा के कथन का अर्थ भी समझने का प्रयास कीजिए । "कल की चिन्ता छोड़ दो ।" -से मतलब है, कल के बारे में मनन कीजिए, विचार कीजिए और योजना तैयार कीजिए, किन्तु उसके लिए चिन्ता मत कीजिए ।

इस समय हम आगत और विगत के संधि-स्थल पर खड़े हैं । एक ओर विशाल विगत है जो अब कभी लौट कर नहीं आयेगा और दूसरी ओर आगत है जो तेजी से दौड़ता हुआ आ रहा है।

ऐसी स्थिति में वर्तमान को भुलाकर हम उन दोनों युगों में से किसी एक के भी होकर जिन्दा नहीं रह सकते । इस कोशिश में हमारी शारीरिक एवं मानसिक शक्तियां नष्ट हो जाती हैं । इसलिए हम जिस काल में रह रहे हैं उसी में रहना हमारे हित में है ।

मानव स्वभाव की अत्यन्त शोचनीय प्रवृत्ति है यथार्थ से दूर हट जाने की । अपने मकान के बाहर सौंदर्य से परिपूर्ण सृष्टि की अनुपम पुष्प वाटिका की सुगन्धि की बजाय वह ऊंचे आकाश के काल्पनिक उद्यान की सुरभि की कल्पना में खो जाता है ।

आखिर हम इस तरह की मूर्खता क्यों करते हैं?

नोबेल टामस का दर्शन भी यही कहता है । उनके ब्राडकास्टिंग स्ट्रडियो की दीवारों पर उन्होंने लिखवाया था-"यह आज ईश्वरीय सृष्टि है । हम इसका उपयोग कर प्रसन्न रहेंगे ।"

जान रस्किन अपनी डेस्क पर एक साधारण सा पत्थर का टुकड़ा रखते थे जिस पर "आज" शब्द अंकित था । इसलिए आज का स्वागत करो । कल की चिन्ता छोड़ कर आज की परिधि में रहकर सुख से जीवन का आनन्द लें ।

क्या आप चिन्ताओं से मुक्ति पाना चाहते हैं? क्या आप चाहते हैं कि आपको कोई ऐसा तरीका मालूम हो जाय जिसको अपना कर आप शीघ्र ही चिन्ताओं से छुटकारा पा लें? तो निम्नलिखित सामान्य तरीकों का प्रयोग कीजिए । कोई भी व्यक्ति इसका उपयोग कर सकता है । इसकी तीन अवस्थाएं हैं:-

पहली अवस्था-सर्वप्रथम स्वयं की परिस्थिति का निडर होकर सच्चाई से आकलन करना चाहिए और यह जानना चाहिए कि यदि असफल रहे तो कौन सा अनिष्ट हो सकता है ।

दूसरी अवस्था-कौन सा अनिष्ट हो सकता है, यह जान लेने के बाद उस अनिष्ट को स्वीकार करने के लिए स्वयं को तैयार रहने की शक्ति प्राप्त करनी चाहिए । इसके परिणामस्वरूप आपमें एक महत्त्वपूर्ण परिवर्तन आयेगा और तुरन्त ही एक प्रकार की शान्ति का अनुभव होगा, जिसे आप खो चुके थे ।

तीसरी अवस्था-तब शान्त भाव से अपनी शक्ति और समय को स्वीकृत अनिष्ट को सुधारने का यत्न करिए ।

जब हम चिन्ताग्रस्त रहते हैं तो हम कोई निर्णय करने में असमर्थ रहते हैं । चिन्ता में डूबे रहने से हम कोई काम नहीं कर पाते, क्योंकि कार्यक्षमता का ह्रास हो जाता है । जो भी हो जब हम स्वयं को अनिष्ट के परिणाम के लिए तैयार कर लेते हैं, तब निरर्थक कल्पनाओं से मुक्ति हो जाते हैं और अपनी समस्याओं के समाधान करने में लग जाते हैं ।

उपरोक्त तरीके से हम अनिष्ट की कल्पनाओं के घने अंधकार से जिसमें, पथ विहीन होकर भटक रहे थे और दुखी हो रहे थे-क्षण भर में ही उस प्रकाश पुंज को पा लेते हैं जो हमारा पथ उज्ज्वल प्रकाश से भर देता है । हमारे कदम दृढ़ता से धरती पर जम जाते हैं । हमें स्थिति की सही जानकारी मिल जाती है । और सफलता हम से दूर नहीं जाती ।

प्रो० विलियम जेम्स को व्यावहारिक ज्ञान का जन्मदाता माना जाता है । उनका मानना है- "तुम्हारी स्थिति जैसी भी है, उसे स्वीकार कर लो क्योंकि सामान्य को स्वीकार करना अनिष्ट के किसी भी परिणाम पर विजय जाने का प्रथम चरण है ।" यही बात वे अपने शिष्यों से भी कहते थे ।

चीनी दार्शनिक लिन युटांग ने अपनी लोकप्रिय पुस्तक-"The Importance of Living" (जीने की महत्ता) में ऐसे ही विचार व्यक्त किये हैं । उनके विचार से-"अनिष्ट को स्वीकार कर लेने से मन को बड़ी शान्ति मिलती है । मानस-विज्ञान के अनुसार इसका अर्थ शक्ति प्राप्त करना है । जब एक बार आप अनिष्ट को स्वीकार कर लेते हैं, तो नष्ट होने के लिए आपके पास शेष रह ही क्या जाता है? इसलिए मन से चिन्ता को निकाल दीजिए ।"

न्यूयार्क में तेल का व्यापार कर रहे एक व्यापारी ने अपने जीवन का अनुभव बताते हुए कहा-"इस व्यापार में मेरे साथ धोखा किया जा रहा था । यद्यपि मैं स्वप्न में भी यह कल्पना नहीं कर सकता था कि कोई मेरे साथ धोखा करेगा, लेकिन यह सच था और मुझे छला जा रहा था । पहले मैं समझता था कि इस तरह की बातें सिर्फ सिनेमा के पर्दे पर ही दिखाई जाती हैं, यथार्थ से इनका कोई वास्ता नहीं होता । मैं जिस तेल कम्पनी का मालिक था उस कम्पनी के पास तेल को ग्राहकों तक पहुंचाने के लिए कई ट्रक थे । उन दिनों "ओपा" नियमों का बड़ी कड़ाई से पालन किया जाता था । हमारी कम्पनी ग्राहकों को जितना माल सफाई करती थी उसका राशन कर दिया गया था । हमें नियमित ग्राहकों को तैल की सफाई करनी होती थी । हमारे कुछ ड्राइवर ग्राहकों को तेल की निश्चित मात्रा से कम देते थे । मुझे इस बारे में कोई जानकारी नहीं थी । एक दिन एक व्यक्ति सरकारी इंस्पेक्टर के रूप में मेरे पास आया और मुझसे रिश्वत मांगने लगा । उसके पास हमारे ड्राइवरों का लिखित प्रमाण पत्र भी था । उसने मुझे धमकी दी कि यदि मैं उसे रिश्वत नहीं दूंगा तो वह सभी सम्बन्धित कागजों को जिला एटर्नी के कार्यालय में प्रस्तुत कर देगा ।

व्यक्तिगत रूप से तो मुझे इससे चिन्ता करने की कोई आवश्यकता नहीं थी, क्योंकि इस गैरकानूनी कार्य में मेरा कोई हाथ नहीं था । लेकिन मैं यह भी जानता था कि फर्म के किसी कर्मचारी द्वारा गैरकानूनी काम को करने की जिम्मेदारी फर्म की ही होती है । मैं यह भी

जानता था कि यदि यह विवाद अदालत में जाता है तो फर्म की बदनामी होगी । जिसका असर व्यापार पर पड़ेगा । सम्भव है मेरा व्यापार ही नष्ट हो जाये । मुझे सबसे ज्यादा चिन्ता इस बात की थी । अब से चौबीस बरस पूर्व यह कम्पनी मेरे पिता ने बनाई थी।

इस चिन्ता के कारण मुझे तीन दिन और तीन रात तक नींद नहीं आई । मैं इसी परेशानी से जूझता रहा और परिणाम स्वरूप बीमार हो गया । कभी मैं सोचता कि उस इन्स्पेक्टर को रिश्वत दे दूं और कभी सोचता कि उसे कह दूं कि वह जो चाहे करे मैं रिश्वत नहीं दूंगा । इसी असमंजस में मैं पड़ा रहा और किसी नतीजे पर नहीं पहुंच सका ।

रविवार की रात्रि को मुझे एक पुस्तक में-"चिन्ता छोड़ो सुख से जीओ" में मैंने पड़ा-"अनिष्ट का सामना करो" मैं यह सोचने लगा कि यदि मैंने उसे रिश्वत नहीं दी और उसने अदालत को सब प्रमाण पेश कर दिए तब क्या होगा?

परिणाम यही होगा कि मेरा व्यवसाय समाप्त हो जायगा, मुझे जेल की सजा तो होगी नहीं, तब मुझे नौकरी करनी पड़ेगी । नौकरी करना कोई बुरी बात तो है नहीं । मेरे पास अनुभव है, कोई भी तेल कम्पनी मुझे नौकरी दे देगी । अपने इस विचार से मुझे बड़ा सन्तोष मिला । अब तक मैं जिस समस्या से जूझ रहा था अब मुझे मुक्ति मिल गई । अब मैं स्वयं को स्वस्थ अनुभव करने लगा । अब मैं ठीक से सोचने के योग्य बन गया ।

जब मैं इस समस्या का समाधान करने के लिए सोच रहा था, एक नया विचार मेरे दिमाग में आया । मैंने विचार किया कि मैं अपनी समस्या को अपने एटर्नी को बता दूं तो हो सकता है वह इसका कोई समाधान बता सके । यद्यपि वह विचार मेरे दिमाग में पहले भी आया था लेकिन चिन्ता के कारण मैं कोई निर्णय नहीं कर सका था । मैंने उसी समय निश्चय किया कि मैं इस समस्या को अपने वकील को प्रातःकाल ही बताऊंगा ।

मेरे वकील ने मुझे सलाह दी कि जिला एटर्नी से मिल कर मैं सब कुछ सच-सच बता दूं । मैंने वैसा ही किया, मेरी बात सुनकर एटर्नी ने मुझे बताया कि कई महीनों से यह धोखे का व्यापार चल रहा है । जो व्यक्ति मेरे पास इन्स्पेक्टर के रूप में आया था वह एक ठग था जिसकी तलाश पुलिस कर रही है । मुझे तो बड़ा आश्चर्य हुआ यह सुनकर । यह मैं ही जानता हूं कि जिस बात ने मुझे इतनी चिन्ता में डाल दिया था यथार्थ में वह कुछ भी नहीं थी ।

अब मुझे इतना अनुभव हो गया है कि-जब कभी मुझे परेशानी होती है, मेरे सामने कोई समस्या होती है तब, मैं इसी चिन्ता निवारण विधि का सहारा लेता हूं ।

सबसे पहले यह ज्ञात करना चाहिए कि सम्भावित अनिष्ट क्या हो सकता है? दूसरा कोई निवारण का उपाय न हो तो उसे स्वीकार कर लीजिए । तब साहस से उसके मुकाबले के लिए

तैयार रहिए । निश्चय ही आपको सफलता मिलेगी । इन तीन प्रकारों पर अमल करने से आप अनिष्ट की आशंका की चिन्ता से मुक्त होकर सुख से जीवन का आनन्द ले सकते हैं । अपना कार्य जारी रख सकते हैं ।

यह सभी जानते हैं कि भय या चिन्ता करने से गला सूख जाता है, तब उससे रसों का स्राव किस तरह हो सकता है । रसों का स्राव ठीक से न होने पर पाचन क्रिया भी ठीक नहीं हो पाती जिसकी कमी के कारण शरीर के सभी अंगों का ठीक से पोषण करना कठिन हो जाता है । शरीर की हिफाजत, मरम्मत भी ठीक से नहीं हो पाती । भोजन यदि मन पसन्द, रुचिकर और खाने योग्य होता है तब मुख, कच्छ, जिगर, तिल्ली एवं पित्ताशय से उचित मात्रा में पाचन रसों का स्राव होता है । जो भोजन हमारी पसन्द का, रुचिकर होता है तब पाचन रस ज्यादा और उचित मात्रा में निकलते हैं और भोजन शीघ्र पच जाता है । वही भोजन सुपाच्य होता है ।

हम सभी जानते हैं कि अन्याय और अपमान किसी व्यक्ति को बर्दाश्त नहीं होता । जिस व्यक्ति के साथ अन्याय या अपमान होता है उसके मन तथा मस्तिष्क में एकदम उथल-पुथल सी हो जाती है जैसे कोई विस्फोट हो गया हो । इन सभी उदाहरणों से इस बात का स्पष्ट रूप से पता लगता है कि-हमारे मन में तथा शरीर के जीवाणुओं में कितना घनिष्ठ सम्बन्ध है । हमारे शरीर का प्रत्येक अंग जीवाणुओं के समूह से बना है । प्रत्येक अंग का अपना अलग मस्तिष्क होता है । मस्तिष्क ज्ञान तन्तुओं का प्रधान केन्द्र है । केन्द्रीय मस्तिष्क से जब कोई विचार चलता है तब शरीर के उस अंग तक पहुंचता है और उस अंग के एक-एक अणु को प्रभावित करता है । इसलिए हमारा हरेक विचार, और क्रिया, भय, चिन्ता, निराशा, उत्साह आदि हमारे शरीर के प्रत्येक अंग-प्रत्यंग और व्यवहार पर गहरा प्रभाव डालता है । इसलिए अपने मनोभावों को उत्साह और उमंग से भरे रखें । तभी प्रसन्नता की प्राप्ति होगी ।

हेलेन क्रेन ने कहा है-"भय हमारी चारित्रिक, आध्यात्मिक अथवा शारीरिक दुर्बलता की स्वीकृति है ।" जब कोई बालक या बड़ा व्यक्ति रात के समय मैं जंगल में जाने से डरता है या किसी विशेष वृक्ष अथवा स्थान पर इस कारण नहीं जाता कि वहां भूत-प्रेत है, तो दूसरे लोग ऐसे लोगों की हंसी उड़ाते हैं । लेकिन हम स्वयं अपने जीवन में इसी प्रकार के मिथ्या विश्वासों से ग्रस्त रहते हैं । हम में से अधिकांश लोगों के अपने-अपने मिथ्या विश्वास होते हैं ।

हमारे विचार से यह आत्मा, मन और शरीर की हार है । भय का मतलब है अपनी स्वयं की इच्छा को कार्यरूप न दे सकने की असमर्थता । भय का प्रभाव मन और शरीर दोनों पर पड़ता है । पहले मन निष्क्रिय हो जाता है फिर मस्तिष्क क्रिया शून्य हो जाता है और बाद में शरीर अस्वस्थ हो जाता है । कहते हैं भगवान के बनाए इस संसार में सबसे छोटा आदमी भयभीत

व्यक्ति होता है। भय के पास अपनी कोई शक्ति नहीं होती, हम ही उसे शक्ति देते हैं। जब हम भयग्रस्त होते हैं तभी तो भय हमारे ऊपर अधिकार करता है।

यह प्रकृति का नियम है कि हम जिस वस्तु से भय मानते हैं, उसी को अपनी ओर आकर्षित करते हैं।

प्रायः देखने में आता है कि हमें जिन वस्तुओं से भय लगता है, उन्हें स्वयं ही अज्ञानवश शक्ति प्रदान करते हैं। हम अपनी कल्पना से ही किसी भयमूर्ति की स्थापना कर देते हैं। और फिर उससे डरने लग जाते हैं। हम जिन बातों की चिन्ता करते हैं, चिन्ता को उन्हीं बातों से बल मिलता है।

यदि आप किसी व्यक्ति से यह पूछें कि क्या तुम डरते हो? वह तुरन्त कह देगा "नहीं, मैं नहीं डरता।" लेकिन प्रायः हम सुनते रहते हैं कि यह कार्य तो मैं नहीं कर सकता, मैं डरता हूं कहीं असफल न हो जाऊं, मुझे भय है कि कहीं मेरा व्यापार नष्ट न हो जाय या मुझे डर है कि कहीं मैं बीमार न हो जाऊं आदि।

मन की नकारात्मकता:

जितनी बार आप अपने मन को नकारात्मक बनाते हैं। इसके साथ ही आप जिस चीज से डरते हैं उसे ही अपने मन में स्थान देते हैं। आप अपने मन को नकारात्मक बना कर भय के आक्रमण के लिए खुला छोड़ देते हैं। इसके विपरीत यदि आप कहते हैं कि-हां यह कार्य मैं करूंगा, यह काम अवश्य होगा, मैं इस काम को अवश्य पूरा कर दूंगा-तब इस प्रकार की मानसिकता सकारात्मक होती है। इस तरह आप अपनी सफलता को अपने निकट ला रहे होते हैं।

हम जीवन में किसी न किसी रूप में अपने विश्वासों को शक्ति देते रहते हैं। अगर हम यह समझते हैं कि हम दूसरों से हीन हैं अथवा योग्यता में दूसरों से कम हैं तो धीरे-धीरे यह विचार विश्वास में बदल जाते हैं। अपने इन्हीं विश्वासों से हम डरने लगते हैं। परिणाम यह होता है कि यही भय अपने दूसरे संगी-साथियों के साथ शरीर में प्रवेश कर जाता है और हम बीमार पड़ जाते हैं। इसके विपरीत यदि हम अपने मन में सकारात्मक विचार लाते है, निडरता दिखाते हैं और रचनात्मक रीति से विचार करते हैं तो निश्चय ही हम सफल होते हैं, सुखी और स्वस्थ रहते हैं।

हम जिस बात की चिन्ता करते हैं, उससे चिन्ता ही बलवती होती है। जिन घटनाओं या बातों से हम भयभीत होते हैं उन्हीं को हम शक्ति देते हैं। दुर्घटना की आशंका करके उसे बल प्रदान करते हैं। कई बार तो हमारे मन का यही विश्वास सचमुच हमारे दुर्भाग्य का कारण भी

बन जाता है । जब हम असफल रहने के विचार को विश्वास में स्वीकार कर लेते हैं तब भय के अलावा दूसरी बात की कल्पना भी करना व्यर्थ होगा । लेकिन इसके विपरीत यदि हम .अपने सफल होने का दृढ़ विश्वास व्यक्त करते हैं तब निश्चय ही हम अपने लक्ष्य-सफलता को प्राप्त कर लेते हैं ।

विचारों का विष शरीर के अंगों तथा उपांगों को विषैला कर उन्हें बीमार बना देता है । यदि किसी व्यक्ति का पिता या दादा किसी खास रोग का शिकार होकर मर जाता है, और वह व्यक्ति भी यही विचार करने लग जाता है कि अमुक रोग ही उसे भी होगा तो उसकी यह भावना उसके मन को विकार युक्त बना देती है । इससे मन तथा शरीर के सामान्य कार्य में बाधा पड़ती है । परिणाम यह होता है कि उस व्यक्ति के शरीर के उन्हीं जीवाणुओं में वह रोग पनपने लगता है । उसके विचार और भय सत्य बनने शुरू हो जाते हैं ।

एक व्यापारी मेरा मित्र है, जितनी बार मुझसे मिलता है, उतनी ही बार वह अपने हाजमे के बिगड़ जाने की शिकायत करता है । उसका कहना है उसे कुछ भी हजम नहीं होता । उसकी पाचन-शक्ति मंद पड़ गई है । संसार में अनेक वस्तुएं हैं मगर उनमें से बहुत कम वह खा सकता है ।

अब विचार करने की बात यह है कि जब उसे दृढ़ निश्चय हो ही गया है कि उसकी पाचन-शक्ति खराब हो गई है, तब वह न पचने के भय से वह वस्तु खायेगा ही नहीं और जब वह काफी दिनों तक ऐसी तमाम वस्तुओं से परहेज ही रखेगा तब कभी यदि उसे वह वस्तु खानी पड़े तो हजम कैसे होगी? उसके पाचन-संस्थान सम्बन्धी अंग कैसे उचित प्रकार से कार्य कर सकते हैं । ये अंग बड़े सूक्ष्म और कोमल होते हैं । लगातार उन्हें निरुत्साहित करते रहने से उनकी कार्य क्षमता नष्ट नहीं होगी ।

एक डाक्टर को उसके मित्र दूसरे डाक्टर ने बताया कि रक्त में जहर फैल जाने से उसकी मृत्यु होगी । उस डाक्टर ने एक दिन अपनी पत्नी और परिवार के दूसरे सदस्यों को एकत्रित किया और सबके सामने अपनी वसीयत लिख दी। उसने सबको बता दिया कि अमुक समय पर रक्त में जहर फैल जाने से उसकी मृत्यु हो जायेगी । और यथार्थ में ठीक उसी समय रक्त में जहर फैलने से उसकी मौत हो गई ।

कैलीफोर्निया में एक व्यक्ति आत्महत्या कर मर जाना चाहता था । निश्चित समय पर उसने जीवन को समाप्त करने के लिए अपनी रिवाल्वर से गोली चलाई, किन्तु गोली नहीं चली । फिर भी वह व्यक्ति अपने संकल्प पर इतना दृढ़ था कि थोड़ी ही देर बाद उसकी हृदय गति बंद हो गई और वह मर गया । विचारों का इतना भारी प्रभाव पड़ता है ।

मन में आये प्रत्येक विचार से तथा उसे व्यक्त करने से एक तरंग उत्पन्न होती है । जब आप किसी को भय, निराशा या आशंका की बातें करते सुनते हैं तो वह विचार आपके मन में भी भय, निराशा या आशंका की भावना तरंगों द्वारा स्थापित हो जाता है । अब यह आपकी अपनी दृढ़ इच्छा-शक्ति पर निर्भर करता है कि आप अपनी निर्भीकता, आशा और उमंगों के बल पर उसकी कमजोर तरंगों के प्रभाव को नष्ट कर दें और अपने ऊपर उन हीन विचारों का प्रभाव न पड़ने दें ।

अनेक माता-पिता अपने छोटे बच्चों को नित नये-नये भय लगाते रहते हैं । वे अपने बच्चों की भलाई के विचार से ऐसा करते हैं । पर वास्तव में वे उनका अहित करते हैं । वे नहीं जानते कि भय का विचार उनके बच्चों के मन पर कितना दुष्प्रभाव डालता है । शिशुओं और छोटे बच्चों के कोमल हृदयों में जो भय के बीज बो दिये जाते हैं, सारे जीवन उन्हें परेशान करते रहते हैं । "बाहर मत निकलो ठंड लग जायेगी", "यह मत खाओ, उस स्थान पर मत जाना" आदि विचार उन पर लाद दिए जाते हैं । ऐसा करके वे बच्चों के मस्तिष्क की स्वतंत्र विचार-शक्ति को कुंठित कर देते हैं । परिणाम यह हो जाता है कि ऐसे बच्चे सारे जीवन डरे-डरे, सहमे और भीरु बन जाते हैं । बुद्धिमान माता-पिता को अपने बच्चों को कभी भय नहीं बताना चाहिए ।

हम जैसे वातावरण में रहते हैं, जिन विचारों का लगातार हमारे दिमाग में आना जारी रहता है-उसी ओर हमारा ध्यान, हमारा चिन्तन भी रहने लगता है । यदि हमारे चारों ओर भय का वातावरण है तो भय साकार होकर हमारे सामने उपस्थित हो जाता है । जिस वस्तु का हम निरन्तर ध्यान या चिन्तन करते हैं, वह वस्तु हमें अवश्य प्राप्त होती है । डाक्टरों का विचार है कि सैकड़ों हैजे के रोगी रोग से कम भय के कारण अधिक काल-कवलित हो जाते हैं । एक साधारण रोगी की अपेक्षा भयग्रस्त रोगी को स्वस्थ करने में बड़ी कठिनाई होती है । कभी-कभी ऐसा रोगी लाइलाज हो जाता है । भय का प्रभाव विशेषतः हृदय, गुर्दे और पाचन क्रिया पर पड़ता है । हमारी मनोवृत्तियों और भावनाओं का हमारे शरीर पर तुरन्त प्रभाव पड़ता है । किसी तार या टेलिग्राम को देखते ही हमारा हृदय जोर-जोर से धड़कने लगता है और हम पीले पड़ जाते हैं । मानसिक सन्तुलन बिगड़ जाता है ।

चिंता भय और घृणा:

चिन्ता, भय या घृणा आदि मनोविकारों का शरीर के अणुओं पर बुरा प्रभाव पड़ता है । हम जब क्रोध करते हैं अथवा भयभीत होते हैं तभी हमारे शरीर के जीवाणु सामान्य कार्य नहीं कर पाते । इसका सीधा अर्थ यह है कि हमारे मन के विचारों का पूरा प्रभाव हमारे शरीर पर पड़ता है । जिस प्रकार प्रातःकाल उदय होते सूर्य का प्रतिबिम्ब एक छोटी से छोटी ओस की बूंद

में देखा जा सकता है, उसी प्रकार हमारे मन के विचारों का असर हमारे शरीर के प्रत्येक जीवाणु पर पड़ता है । हमारे मन का उद्देश्य हमारे शरीर के अणु-अणु में झलकता है ।

मनुष्य की भावनाओं का उसकी शारीरिक क्रियाओं पर गहरा प्रभाव पड़ता है इस बात को डाक्टरों ने जान लिया है । यदि रोगी के मन में भय अथवा चिन्ताएं हैं तो उसे रोगमुक्त करने में बड़ी कठिनाई होती है और समय भी अधिक लगता है, इसके विपरीत शान्त तथा प्रसन्न स्वभाव का रोगी शीघ्र स्वस्थ हो जाता है ।

डाक्टर विलियम एस० एडलर का कहना है-यद्यपि मन के शरीर पर पड़ने वाले प्रभाव के विचार अभी तक अस्पष्ट रूप से ही सामने आते थे, किन्तु अब वैज्ञानिकों ने यह सिद्ध कर दिया है कि मन की दशा शरीर को कितना प्रभावित करती है । अब यह प्रमाणित हो गया है कि मन की प्रवृत्तियां शरीर के अणु और अंग-अंग को अत्यधिक प्रभावित करती हैं । एक पूर्ण रूप से स्वस्थ व्यक्ति भी बीमारी के चंगुल में फंस सकता है । एक निरोग मनुष्य भी उस बीमारी से होने वाली पीड़ा का अनुभव कर सकता है ।

एक व्यक्ति ने दवाइयों की दुकान पर जाकर जहर की मांग की । औषधि-विक्रेता समझ गया कि यह व्यक्ति आत्महत्या करना चाहता है । उसने एक रंगीन पानी की बोतल उसे दे दी । उस व्यक्ति ने अपने घर जाकर पहले एक पत्र अपनी पत्नी के नाम लिखा और उस रंगीन पानी को पीकर लेट गया। थोड़ी देर में ही उसके शरीर में वैसे लक्षण उभरने लगे जैसे विष-पान करने वाले व्यक्ति के शरीर में होते हैं । शीघ्र ही उसे अस्पताल ले जाया गया, उसकी परीक्षा करने के बाद डाक्टरों ने बताया कि यद्यपि उस व्यक्ति ने जहर नहीं पिया है किन्तु उसके शरीर में विषपान के सभी लक्षण मौजूद हैं । जिस प्रकार का कष्ट विषपान करने के बाद मनुष्य के शरीर में होता है वैसा ही असर इसके शरीर में है । यदि थोड़ी देर और इसे अस्पताल में नहीं लाया जाता, तो सम्भव है उसकी मौत हो जाती । अब इसे स्वस्थ होने में एक सप्ताह लग जायगा ।

एक प्रसिद्ध डाक्टर का कहना है-शरीर को स्वस्थ रखने और उसके विकास करने में भोजन का पर्याप्त मात्रा में होना और पाचन क्रिया का ठीक होना आवश्यक है । पाचन क्रिया में, पाचन संस्थान के सभी अंगों से प्राप्त होने वाला रस, यदि उचित मात्रा में पहुंचता रहता है, तभी वह ठीक से काम करती रहती है । इसलिए भोजन से सम्बंधित-रस, गन्ध, स्वाद आदि के बारे में विचार भी प्रसन्नता वर्धक हों, तभी पाचन क्रिया ठीक तरह से काम करती है ।

आत्म-नियंत्रण

मनुष्य की उन्नति का सबसे बड़ा रहस्य यह 'आत्म-नियंत्रण' नामक शक्ति ही है । अपनी इसी शक्ति के बल पर वह बराबर चमत्कारिक कार्य करता जा रहा है ।

मनुष्य भी एक प्राणी है, पर संसार के सब प्राणियों से उसका अलग ही अस्तित्व है और शेष सभी प्राणियों से वह आगे बढ़ गया है । इसका कारण है उसकी मानसिक विशेषताएं । अपनी मानसिक क्षमताओं के कारण ही वह प्राणी-मात्र में सर्वश्रेष्ठ है । मनुष्येत्तर प्राणी सोचने-समझने की क्षमता नहीं रखते । उनके पास प्रखर बुद्धि नहीं होती है । न वह हंस सकते हैं, न अपने भविष्य की सोच सकते हैं । मनुष्य नामक प्राणी के पास आत्मनियंत्रण नामक एक बड़ी क्षमता है इसी क्षमता के कारण वह बहुत आगे बढ़ गया है । यह आत्मनियंत्रण का ही चमत्कार है कि मनुष्य ने सारी प्रकृति को अपनी मुट्ठी में ले रखा है और वह बराबर सर्वशक्तिमान बनता जा रहा है ।

मनुष्य बहुत कुछ कर सकता है । प्रत्येक मनुष्य में बहुत कुछ करने की क्षमता होती है । इसी कारण मनुष्य बराबर उन्नति करता जा रहा है । उसकी उन्नति का सबसे बड़ा रहस्य यह 'आत्म-नियंत्रण' नामक शक्ति ही है । अपनी इसी शक्ति के बल पर वह बराबर चमत्कारिक कार्य करता जा रहा है । बहुत से मनुष्य अपने जीवन में आश्चर्यजनक रूप से उन्नति कर जाते हैं । आखिर इसका कारण क्या है?'

क्या यह सब भाग्य की बात है?

परिश्रम का महत्त्व:

यदि आप इस प्रकार उन्नति करने वालों से पूछेंगे तो वह अपनी उन्नति का कारण अपना सौभाग्य ही बतायेंगे । वे ही जानते हैं कि इस स्थान पर पहुंचने के लिए उन्हें कितना परिश्रम करना पड़ा था । उन्होंने इस स्थान तक पहुंचने के लिए क्या-क्या किया इस बात को तो केवल वे ही जानते हैं । लेकिन वे अपने परिश्रम को महत्त्व न देकर अपने भाग्य को महत्त्व देते हैं ।

प्रत्येक व्यक्ति की उन्नति के पीछे कोई न कोई रहस्य अवश्य होता है । कोई न कोई ठोस आधार होता है । बिना किसी ठोस आधार के उन्नति कर पाना असम्भव होता है । कोई भी कार्य हो उसके लिए एक योजना बनानी आवश्यक होती है । और कोई भी योजना आप किसी

निश्चित आधार पर बना सकते हैं । यह एक ऐसा सिद्धान्त है जिससे कोई इन्कार नहीं कर सकता ।

आखिर उन्नति का वास्तविक रहस्य क्या है?

इस सम्बन्ध में खोज और शोध करने वाले मानव शास्त्र के विशेषज्ञों की राय है कि किसी भी व्यक्ति की उन्नति के पीछे उस व्यक्ति का आत्म-नियंत्रण ही उसकी उन्नति का मूल आधार और सबसे बड़ा रहस्य है ।

आत्म-नियन्त्रण मनुष्य की उन्नति का प्रथम सोपान है । इस सत्य को सभी मनीषियों ने एक स्वर से स्वीकार किया है ।

महाकवि गेटे का कथन है कि जिस व्यक्ति में आत्म-नियन्त्रण की शक्ति होती है सफलतायें स्वयं आगे बढ़कर उसके चरण चूमती हैं ।

आत्म-नियन्त्रण व्यक्ति का सर्वाधिक महत्त्वपूर्ण और अनमोल गुण है । महाकवि गेटे ने थोड़े से शब्दों में ही जीवन का सबसे बड़ा सत्य उजागर कर दिया है ।

जिसने अपने आप पर नियन्त्रण कर लिया अर्थात जिस ने स्वयं पर विजय प्राप्त कर ली उसके लिए संसार में और कुछ पाना शेष नहीं रह जाता । संसार के समस्त प्राणियों की अपेक्षा केवल मानव में ही यह गुण पाया जाता है कि वह स्वयं पर नियन्त्रण कर सकता है । उसके अतिरिक्त संसार के अन्य किसी भी प्राणी में यह गुण नहीं पाया जाता और अपने इसी गुण के कारण मानव विश्व के अन्य प्राणियों में सर्वश्रेष्ठ माना जाता है । और इसीलिए वह इतनी प्रगति कर पाया है कि उसने सम्पूर्ण प्रकृति को, सम्पूर्ण प्राणियों को अपने वश में करने और रखने की शक्ति प्राप्त कर ली है ।

लालसाओं पर आत्मनियंत्रण:

आत्मनियंत्रण की शक्ति विश्व के अन्य किसी प्राणी में नहीं है । शेर यह नहीं जानता कि पेड़ के नीचे जो बकरा या भैंसा बंधा हुआ है वास्तव में यह बंधा हुआ जीव उसका शिकार नहीं है । बल्कि उसकी आड़ में बैठी उसकी मृत्यु उसकी प्रतीक्षा कर रही है । वह स्वयं शिकार होने वाला है । इस अज्ञानता का कारण यह है कि वह मांस भक्षण की अपनी स्वाभाविक प्रवृत्ति पर नियन्त्रण नहीं रख पाता । और वह जैसे ही अपना शिकार समझने वाले निस्सहाय बकरे या भैंसे पर आक्रमण करता है और शिकार के हाथों स्वयं मारा जाता है ।

इसी प्रकार पक्षी अपनी लालसा या प्रवृत्ति पर नियन्त्रण न रख पाने के कारण जाल में फंस कर बहेलिए के शिकार बन जाते हैं ।

अपनी प्रवृत्तियों को, अपनी इच्छाओं और विचारों को रोकना उन पर नियन्त्रण करना ही आत्म नियन्त्रण कहलाता है ।

मनोवैज्ञानिकों का स्पष्ट कथन है और यह प्रमाणित भी हो चुका है कि मनुष्य पर उसके परिश्रम का, रोगों का अथवा उस पर किए गए आक्रमण आदि का उतना व्यापक और गहरा प्रभाव नहीं पड़ता जितना उस पर अपने विचारों का पड़ता है । हमारा यह मन ही तो हमारे नैतिक-अनैतिक क्रिया-कलापों का जिम्मेदार है ।

इस मन की प्रेरणा, अर्थात मन में उत्पन्न विचार से प्रेरित होकर ही हम नैतिक और अनैतिक कार्य करते हैं ।

इसलिए हमारी सबसे पहली आवश्यकता है अपने मन को वश में करना अर्थात् आत्म नियंत्रण ।

लेकिन कितने ऐसे व्यक्ति हैं जो अपने मन को अपने वश में रख पाते हैं ?

आप स्वयं विचार कीजिए, क्या आपका अपने मन पर पूरा-पूरा अधिकार है ?

क्या आप अपने मन को अपनी इच्छानुसार चलने के लिए प्रेरित कर सकते हैं? या फिर आपका मन जो चाहता है आप वही करने पर मजबूर हो जाते हैं?

शान्तभाव से इसका सही और वास्तविक उत्तर खोजने का प्रयत्न कीजिए ।

सोचिए, क्या आप स्वयं पर नियंत्रण कर सकते हैं?

क्या आप में इतना संयम है?

ये कुछ ऐसे प्रश्न हैं जिनका सीधा सम्बन्ध आप की उन्नति, प्रगति और विकास के साथ-साथ आपकी अवनति, आप के पतन और आपकी असफलताओं से है ।

इस सम्बन्ध में ड्यूक आफ विलिंगटन के जीवन की एक घटना यहां प्रस्तुत की जा सकती है।

एक दिन ड्यूक आफ विलिंगटन अपनी लायब्रेरी में बैठे थे । अचानक एक पागल आदमी लायब्रेरी में घुस आया ।

ड्यूक ने उससे पूछा, "तुम यहां कैसे आ गए? क्या बात है ?"

"मुझे तुम्हारी हत्या करने के लिए भेजा गया है" उस पागल ने स्पष्ट उत्तर दिया ।

"हूं-तो यह बात है !"

"हां ।"

"तुम्हें जो काम सौंपा गया है क्या तुम उस काम को आज ही करना चाहते हो ?"

"जी हां! यह काम मुझे आज ही करना है ।"

73   आत्मविश्वास की पूंजी

"देखो, इस समय मैं अत्यधिक व्यस्त हूं । मेरे पास ढेर सारे काम पड़े हैं करने के लिए । अनेक ऐसे पत्र हैं जिनके उत्तर आज ही देने आवश्यक हैं । अगर उन पत्रों के उत्तर आज ही नहीं दिए गए तो पत्र भेजने वालों को दुःख हो सकता है । ऐसा करो, तुम फिर कभी आना ।"

यह कहकर ड्यूक अपने काम में लग गए ।

उस व्यक्ति ने कुछ नहीं कहा । चुपचाप वापस चला गया ।

यह घटना ड्यूक आफ विलिंगटन के आत्म नियंत्रण का एक ठोस प्रमाण है । उनके स्थान पर अगर कोई और व्यक्ति होता तो चीखने-चिल्लाने लगता और उस पा गल पर आक्रमण कर बैठता । लेकिन ड्यूक ने अपने आत्म नियन्त्रण को हाथ से जाने नहीं दिया । स्वयं पर संयम रखा और अपने ऊपर होने वाले प्राण घातक आक्रमण से स्वयं को बचा लिया ।

यह घटना इस बात का जीता जागता प्रमाण है कि संयम और आत्म नियंत्रण जीवन के लिए कितना आवश्यक और महत्त्वपूर्ण है । किसी भी स्थिति में स्वयं पर संयम रखना, स्वयं को अपने वश में रखना उन्नति की पहली सीढ़ी है । जिन लोगों में आत्मनियंत्रण की शक्ति होती है वही अपने जीवन में सफलताएं प्राप्त कर पाते हैं । उन्नति कर पाते हैं । आत्म नियंत्रण के अभाव में किसी भी क्षेत्र में उन्नति कर पाना सम्भव नहीं है ।

क्रोध नाश का कारण:

सुकरात की जीवनगाथा विश्व विख्यात है । सभी जानते हैं कि उनकी पत्नी बेहद झगड़ालू और कर्कश स्वभाव की स्त्री थी । अनावश्यक रूप से बात-बात पर क्रोधित होकर झगड़ बैठना उसके स्वभाव का सर्वाधिक दुखद अंग बन गया था । लेकिन वह जितनी झगड़ालू और क्रोधी थी सुकरात उतने ही शान्त और संयमी थे । आत्म नियंत्रण उनमें कूट-कूट कर भरा हुआ था । वह अपनी पत्नी की कड़वी बातों को सुनते समय अपने होंठ कसकर दबा लेते थे । और उसकी बातों को अनसुना कर देते थे ।

क्रोध मनुष्य का सबसे बड़ा शत्रु होता है । जो लोग अपने क्रोध पर नियन्त्रण नहीं कर सकते वे आत्म नियन्त्रण भी नहीं कर सकते । क्रोध मनुष्य की बुद्धि और विवेक को नष्ट कर देता है । वह उचित अनुचित का ज्ञान खो बैठता है । उससे केवल उसे शारीरिक-हानि ही नहीं पहुंचती, उसकी मानसिक शक्ति भी नष्ट हो जाती है और वह ऐसे काम कर बैठता है जो उसे किसी भी दशा में नहीं करने चाहिए ।

अगर कोई व्यक्ति निरन्तर क्रोध करता रहे तो उसका स्वभाव चिड़चिड़ा हो जाता है । वह बात-बात में झल्ला उठता है । झगड़ने के लिए उतावला हो उठता है । उसके हृदय की कोमल भावनाएं नष्ट हो जाती हैं ।

लेकिन क्रोध करने से उसे लाभ कुछ भी नहीं होता ।

फिर मनुष्य को क्रोध आता क्यों है?

क्रोध स्वाभाविक रूप से तभी आता है जब कोई दूसरा व्यक्ति आपको कोई हानि पहुंचाता है, आपका अपमान करता है । अकारण आपकी निन्दा भी करता है । अथवा कोई भूल या अपराध कर बैठता है । यह देखकर आपको क्रोध आ जाता है । आप गाली-गलौज, और मार-पीट करने पर उतारू हो जाते हैं । उस आदमी को जान से मार डालने या उसे बड़ी से बड़ी हानि पहुंचाने का इरादा कर बैठते हैं । आप कुछ भी कर बैठने के लिए उग्र हो उठते हैं । क्रोध का परिणाम इतना भयंकर होता है कि आप दूसरे व्यक्ति की हत्या भी कर सकते हैं या फिर आत्महत्या करने पर उतारू हो जाते हैं ।

लेकिन प्रश्न यह है कि क्रोध से आपको लाभ क्या हुआ?

जो बात हो चुकी है, जो हानि हो चुकी है, जो चीज टूट चुकी है, क्रोध करने से न तो वह बात बन सकती है, न हानि लाभ में परिवर्तित हो सकती हे और न टूटी हुई चीज जुड़ ही सकती है-अर्थात् क्रोध करके आप अपनी किसी भी क्षति की पूर्ति नहीं कर सकते । बल्कि आप अपनी ही बहुत बड़ी हानि कर बैठते हैं । शारीरिक और मानसिक क्षति के साथ-साथ आप को आर्थिक-हानि भी पहुंचती है और आपका वह मूल्यवान समय भी अकारण नष्ट हो जाता है जिस समय में आप कोई महत्त्वपूर्ण कार्य कर सकते थे ।

जार्ज हरबर्ट ने इसी आधार पर कहा है कि जब भी इस प्रकार की स्थिति पैदा हो, जब भी वाद-विवाद का अवसर आये शान्ति से, धैर्य से काम लेना चाहिए । आवेश और तीव्रता से सामान्य बात भी बहुत बड़ा अवगुण बन जाती है । आवेश सत्य को भी अनैतिक बना देता है ।

जार्ज हरबर्ट की इस बात में कितनी सच्चाई है आप स्वयं ही अनुमान लगा सकते हैं ।

अपने एक मित्र से मैंने एक दिन पूछा, "आप झगड़ों से किस तरह बचे रहते हैं ?

उन्होंने उत्तर दिया, "जब कोई व्यक्ति मुझ पर अपना क्रोध प्रदर्शित करने लगता है मैं उसकी ओर ध्यान ही नहीं देता । उसकी बातों को अनसुना करते हुए मौन साध लेता हूं । वह आदमी कुछ देर तक क्रोध में बड़बड़ाता रहता है। और जब उसकी बड़बड़ाहट या उसके क्रोध का कोई उत्तर नहीं मिलता तो चुपचाप उठकर चला जाता है ।"

सोचिए मेरे उन मित्र में कितना आत्म नियन्त्रण है ।

जीवन में सफलतायें प्राप्त करने, उन्नति करने के लिए आवश्यक है कि आप आत्म नियन्त्रण करना सीखें । अपने मन को अपने वश में इस सीमा तक कर लें कि वह आपकी इच्छानुसार नाचने पर बाध्य हो जाए । यह मन ही तो है जो व्यक्ति को सही रास्ते से भटका देता है । उसे

गुमराह कर देता है । उसके कार्य और लक्ष्य के मार्ग में व्यवधान बनकर खड़ा हो जाता है । मन की चंचलता मनुष्य की प्रगति, विकास और उन्नति के मार्ग की सबसे बड़ी बाधा होती है । मन ही व्यक्ति को सही दिशा से उठाकर गलत दिशा में फेंक देता है। और जब कोई व्यक्ति भटक जाता है तो उसका लक्ष्य, उसका उद्देश्य उससे कोसों दूर हो जाता है ।

सफल जीवन की सबसे पहली आवश्यकता है आत्म नियन्त्रण । अपने मन को वश में कीजिए और उन्नति की ओर बढ़ते रहिए । विश्वास कीजिए आपका लक्ष्य स्वयं ही आपके निकट आता चला जायगा ।

आत्म नियन्त्रण एक ऐसा ज्ञान सूत्र है जो प्रत्येक व्यक्ति की सफलता और उन्नति का सर्वाधिक महत्त्वपूर्ण रहस्य है । मन अकारण ही बहकने लगता है । मन का यह भटकना ही क्रोध को जन्म देता है । क्रोध मनुष्य के सम्पूर्ण शरीर और व्यक्तित्व को झंझोड़ डालता है । आपने देखा होगा, क्रोध करने वाले व्यक्ति का शरीर थर-थर कांपने लगता है, आवाज केवल बदलती नहीं जाती, बेसुरी, रूखी और अप्रिय भी हो जाती है । रक्तचाप अत्यधिक बढ जाता है । सांसों की गति तीव्र हो जाती है । सम्पूर्ण शरीर जलने, खौलने, उबलने लगता है । और अपने बुद्धि विवेक से हाथ धो बैठता है इसीलिए विद्वानों का कथन है कि क्रोध आदमी को अन्धा बना देता है ।

मनुष्य के जीवन पर कोई भी भावना इतना गहरा दुष्प्रभाव नहीं डालती जितना भयंकर दुष्प्रभाव क्रोध का दहकता हुआ आवेश डालता है ।

इसी प्रकार मनुष्य की अन्य भावनाएं भी उसके तन-मन पर सीधा प्रभाव डालती हैं ।

जब मनुष्य में आत्म नियन्त्रण की शक्ति पैदा हो जाती है और वह अपने मन को वश में रख पाने में सफल हो जाता है तो वह अपने मन में एक अपूर्व शान्ति, सुख और मधुरिमा का अनुभव करता है । और तब वह अपने निर्धारित-निश्चित लक्ष्य की ओर निरन्तर बढ़ता चला जाता है और एक न एक दिन अपने लक्ष्य को प्राप्त कर लेता है । यह उसकी महान विजय होती है।

जब कोई व्यक्ति उत्तेजित करने वाले वातावरण की उपेक्षा करके शान्त भाव से उस वातावरण से दूर निकल जाता है तो निश्चय मानिए कि उसके समान सुखी व्यक्ति और कोई नहीं होता । आप इसका स्वयं अनुभव करके देख सकते हैं ।

उत्तेजनाएं:

लेकिन यदि आप ऐसे वातावरण में भाग लेते हैं, स्वयं को उससे जोड़ लेते हैं तो सबसे पहले आप अपनी सुख-शान्ति नष्ट कर डालते हैं । आपको कितनी उत्तेजना होती है । और उस

उत्तेजना से आपको कितनी मानसिक पीड़ा और ग्लानि का सामना करना पड़ता है, उसका दुख झेलना पड़ता है और आपका कितना अमूल्य समय नष्ट हो जाता है । क्या आपने कभी इसका विचार किया ?

आर्टीयस वार्ड ने ठीक ही लिखा है-जो लोग बेहद जल्दबाज होते हैं, अनावश्यक और अत्यधिक दौड़-धूप करते हैं और अपना लक्ष्य प्राप्त करने के लिए उन्हें जो भी घोड़ा, टट्टू या खच्चर दिखाई दे जाता है उसी पर चढ़कर दौड़ पड़ते हैं, वे इस बात का ख्याल नहीं कर पाते कि वह सवारी उपयुक्त है अथवा नहीं । वह उनकी वांछित गति से चल पायेगी या नहीं । वह मरियल है, रोगी है या अंधी-लंगड़ी है । ऐसे जल्दबाज लोग औरों को सरपट चाल से दौड़ते देखकर उसे ही दौड़ाने की चेष्टा करते हैं, मुंह के बल धरती पर जा गिरते हैं और उन्नति के पथ पर अग्रसर व्यक्तियों का साथ देना तो दूर वे उनके पीछे-पीछे चार कदम भी नहीं चल पाते ।

और इस प्रकार आत्म नियन्त्रण के अभाव में सफलता निकट आकर भी दूर चली जाती है ।

इसलिए अपने आप पर संयम रखना अत्यन्त आवश्यक है ।

मनुष्य को अपने आप पर संयम रखना चाहिए । जो संयम रखता है वही अपने जीवन में सफलता प्राप्त कर पाता है ।

मैं यहां पेंसिलेवेनिया के एक दुकानदार का उदाहरण देना चाहता हूं । आज वह एक बहुत बड़ा और सफल दुकानदार है । उसकी सफलता का रहस्य उसका संयम और उसका कार्य है ।

एक जमाना था जब वह एक छोटा सा मामूली दुकानदार था । लेकिन वह अपने संयमित स्वभाव के लिए विख्यात था ।

एक दिन एक मिल मालिक ने उसके संयम की परीक्षा लेने का निश्चय किया और उसकी दुकान पर चला गया ।

यह दिखाओ, वह दिखाओ कहकर उसने पचासों थान निकलवा कर खुलवा कर देख डाले । और लगभग डेढ़ घंटे तक थानों को निकलवा-निकलवा कर देखता रहा । इसके बावजूद वह दुकानदार बड़े संयम से खुशी-खुशी थानों को खोल-खोलकर उसे दिखाता रहा ।

जब लगभग दो घंटे बीत चुके तो मिल मालिक ने एक थान की ओर इशारा करके कहा, "इस थान में से केवल आधा मीटर कपड़ा मुझे दे दीजिए ।"

उसकी बात सुनकर दुकानदार के माथे पर शिकन तक नहीं पड़ी । उसने बड़े प्रसन्न भाव से थान में से आधा मीटर कपड़ा नापकर काटा और मिल मालिक को दे दिया ।

मिल मालिक ने उसे धन्यवाद दिया और कपड़ा लेकर चला आया ।

77 आत्मविश्वास की पूंजी

लेकिन थोड़ी देर के बाद वह फिर उसकी दुकान पर पहुंचा । उसने उसके संयम की सराहना की और अपना परिचय दिया । और संयम से प्रभावित होकर उसे अपने मिल में तैयार होने वाले कपड़े का प्रमुख विक्रेता बना दिया।

उस व्यवसाय में देखते ही देखते वह छोटा सा दुकानदार कपड़े का बहुत बड़ा व्यापारी बन गया ।

उस दुकानदार की सफलता का एकमात्र रहस्य था उसका संयम और धैर्य । अगर उसके स्थान पर कोई दूसरा दुकानदार होता तो ग्राहक के इस व्यवहार पर झल्ला उठता और थान दिखाना बंद कर देता । लेकिन वह बिना किसी झल्लाहट के ग्राहक की इच्छानुसार थान खोल-खोलकर दिखाता रहा ।

व्यवसाय कोई भी हो, छोटा या बड़ा हो, उसकी सफलता दुकानदार या व्यवसायी के धैर्य और संयम में निहित होती है । धैर्य और संयम से काम लेकर वह बड़ी से बड़ी सफलता प्राप्त कर लेता है ।

अपने आप पर नियन्त्रण रखने वाला व्यक्ति सदैव सुखी रहता है । और उसे लाभ भी होता है । इसके अनेक उदाहरण, हैं ।

संयम से ही सफलता:

स्काटलैंड के अपने मित्र रोनाल्ड मेक्ड्री के संयम की कहानी मैं आपको सुनाना चाहता हूं ।

रोनाल्ड मेक्ड्री स्काटलैंड के एक छोटे से गांव में रहता था । उसकी एक छोटी सी दुकान थी । उस दुकान में वह नील भी बेचा करता था ।

एक दिन उसने लन्दन की नील बनाने वाली एक कम्पनी को आर्डर भेजा कि वह उसके लिए चालीस पौंड नील भेज दे ।

कुछ दिनों बाद नील आ गया ।

लेकिन असावधानी या भूल से कम्पनी ने चालीस पौंड के स्थान पर चालीस टन नील भेज दिया ।

चालीस पौंड के स्थान पर चालीस टन नील देखकर डोनाल्ड हैरान रह गया । लेकिन वह घबराया नहीं । उसने अपना आत्मनियन्त्रण नहीं खोया । स्वयं पर संयम रखा और सोचने लगा कि इतनी बड़ी मात्रा में आये हुए नील को किस तरह बेचकर कम्पनी को रकम पहुंचाये ।

वह अभी इस बात पर विचार कर ही रहा था कि दो दिन बाद ही कम्पनी का एक आदमी आ गया । उसने कहा, "मिस्टर रोनाल्ड, माल भेजने में हमसे गलती हो गई । आपको जितने माल की आवश्यकता हो उतना रखकर बाकी माल वापस कर दीजिए ।"

उस आदमी की बात सुनकर रोनाल्ड के मन में संदेह पैदा हो गया कि माल वापस मांगने में जरूर कोई रहस्य है । उसने बड़े शान्त भाव से कहा, "क्षमा कीजिए, मैंने उस माल का सौदा कर लिया है । जैसे ही रकम आयेगी आपको पहुंचा दी जायेगी ।"

रोनाल्ड की बात सुनकर कम्पनी का प्रतिनिधि हड़बड़ा उठा । क्योंकि नील के भाव अचानक ही बढ़ गए थे और कम्पनी पर्याप्त मात्रा में नील तैयार कर नहीं पा रही थी । वह इसीलिए आया कि बाकी माल लेकर उसे महंगे दामों पर बेचकर अधिक से अधिक मुनाफा कमा सके ।

एक लम्बी बातचीत के बाद उस व्यक्ति ने रोनाल्ड को पांच हजार पौंड का लाभांश दिया और बाकी नील लेकर वापस आ गया ।

यह रोनाल्ड के धैर्य और संयम का ही फल था कि उसने बैठे-बिठाये पांच हजार पौंड कमा लिए ।

आत्म संयम से व्यक्ति के मन पर उसका नियन्त्रण हो जाता है और जैसे ही मन वश में आता है, उसकी उन्नति के द्वार खुलते चले जाते हैं ।

अपने आप पर नियन्त्रण रखना मनुष्य का सर्वोत्तम गुण माना जाता है । संसार के सभी धर्मों ने आत्म नियन्त्रण पर जोर दिया है । संसार के सभी धर्मों के आचार्य और सन्त यह कहते चले आये हैं कि परमपिता परमात्मा को वही प्राप्त कर सकता है जो अपने मन को अपने वश में कर पाता है ।

पूर्ण आत्म संयम का अर्थ है स्वयं पर अपनी गहरी पकड़ । जिस व्यक्ति की अपने मन पर गहरी पकड़ होती है वही जीवन में सफलता प्राप्त कर पाता हे । अर्थात् आत्म संयम ही अपने आप में पूर्ण सफलता है ।

एन्सवर्थ राबर्ट अपने समय के एक विख्यात लेखक थे । उनमें धैर्य और संयम कूट-छूट कर भरा हुआ था । लेकिन ठीक सुकरात की पत्नी के समान ही उनकी पत्नी बेहद झगड़ालू और क्रोधी स्वभाव की स्त्री थी, उसे अपने पति के लेखन कार्य से बेहद चिढ़ थी । वह चाहती थी कि वह लेखन कार्य छोड़कर कोई ऐसा दूसरा काम करें जिसमें लाखों रुपयों की आमदनी हो । एक

दिन क्रोध में आकर उसने राबर्ट की एक पुस्तक की पूरी पांडुलिपि फाड़कर आग में झोंक दी जो उन्होंने उसी दिन समाप्त की थी ।

पांडुलिपि के पन्ने आग में जलते रहे । लेकिन एन्सवर्थ राबर्ट बड़े शान्त भाव से बैठे देखते रहे । उन्हें दुख तो हुआ लेकिन क्रोध नहीं आया । क्योंकि उन्हें अपने आप पर पूर्ण संयम था, पूर्ण नियन्त्रण था । सोचिए, उनके स्थान पर अगर कोई और होता तो क्या करता?

जब पूरी पांडुलिपि जलकर खाक हो गई तो वह उठे और बड़े शान्त भाव से लेकिन ले उत्साह से उसे दोबारा लिखने में जुट गए ।

और यही था एन्सवर्थ राबर्ट की सफलता का सबसे बड़ा रहस्य ।

क्या आप में इतना संयम है?

यदि आपमें इतना आत्म नियन्त्रण है तो विश्वास कीजिए संसार की कोई भी सफलता ऐसी नहीं है जिसे आप प्राप्त न कर सकें ।

मन पर नियन्त्रण रखना सीखिए । अपने मन को अपने वश में रखिए । और फिर देखिए कि आप क्या कुछ नहीं कर सकते ।

आत्म नियन्त्रण के अभाव में कोई भी व्यक्ति उन्नति के पथ पर अग्रसर नहीं हो सकता । और न अपने जीवन के किसी भी क्षेत्र में सफलता ही प्राप्त कर सकता है ।

प्रत्येक व्यक्ति की उन्नति का रहस्य है स्वयं पर पूर्ण आत्म नियन्त्रण । अपने मन को वश में रखकर ही वह अपने निश्चित उद्देश्य की प्राप्ति के लिए क्रियाशील रह सकता है ।

अपने आत्म नियन्त्रण के बल पर ही मनुष्य जीवन में आने वाली प्रत्येक कठिनाई और प्रत्येक परिस्थिति पर नियन्त्रण रख पाता है । वह उन विषम से विषम परिस्थितियों में भी अपना मानसिक संतुलन बनाए रख सकता है जिनकी कल्पना मात्र से लोग आत्महत्या करने पर विवश हो जाते हैं ।

परिस्थितियां कितनी ही विषम और विपरीत क्यों न हों, कठिनाइयां कितनी ही भयंकर क्यों न हों, केवल आत्म नियन्त्रण से ही उन पर विजय प्राप्त की जा सकती है । उन्हें अपने अनुरूप बनाया जा सकता है । आत्म नियन्त्रण के अतिरिक्त और कोई दूसरा मार्ग है ही नहीं, इसलिए मेरे मित्र, अगर कुछ उन्नति करना चाहते हो, जीवन को सफल बनाना चाहते हो तो आत्म नियन्त्रण करना सीखो । उन्नति की ओर ले जाने वाला यह सर्वाधिक उचित मार्ग है, आसान काम है और सबसे मजबूत पहली सीढ़ी है । इसके अभाव में सारी योग्यताएं और सारा परिश्रम व्यर्थ हो जाता है । हाथ लगती है केवल असफलता ।

जीवन का यह एक अमिट सत्य है ।

आत्म नियन्त्रण!

यह आपका मन ही है जो आपको अपने कर्त्तव्यों से विमुख कर देता है । आपको बहका देता है । आपके कार्य में बाधा डालकर आपकी गति को शिथिल और अवरुद्ध कर देता है ।

याद रखिये यदि आप मनोयोग से कोई कार्य करेंगे तो आपको निश्चित रूप से सफलता प्राप्त होगी । लेकिन जब आपका मन ही किसी कार्य या उद्देश्य में नहीं लगेगा तो आप सफलता कैसे प्राप्त कर पायेंगे ।

भला संसार का ऐसा कौन सा मनुष्य है जो अपने जीवन में उन्नति प्राप्त करके अपने आपको सुखी और समृद्ध बनाना नहीं चाहता?

सभी उन्नति करना चाहते हैं ।

मन पर नियंत्रण:

प्रत्येक व्यक्ति अपने क्षेत्र में उन्नति करना चाहता है और उस दिशा की ओर बढ़ता है । लेकिन उसका मन उसे उस दिशा में बढ़ने से रोक देता है । उसे बहका देता है और उसका उत्साह भंग कर देता है । वह पूरे मनोयोग से अपना कार्य नहीं कर पाता ।

एक व्यापारी अपने व्यापार में उन्नति करना चाहता है । उसके लिए वह प्रयास करता है । लेकिन उसका मन उसे आज का काम कल पर टाल देने के लिए विवश कर देता है । उसमें आलस्य पैदा हो जाता है और उसका ध्यान अपने काम से हटकर इधर-उधर भटकने लगता है । इस का परिणाम यह होता है कि वह उन्नति नहीं कर पाता । केवल चाहने मात्र से उन्नति प्राप्त नहीं होती । उसे प्राप्त करने के लिए पूर्ण आत्म नियन्त्रण के साथ कर्यरत रहना पड़ता है ।

इसलिए सबसे पहली आवश्यकता है कि अपने मन को वश में रखा जाये ।

पूर्ण आत्म नियन्त्रण के साथ ही कोई काम करने पर मनुष्य को उस कार्य में सफलता प्राप्त हो सकती है । उसे निरन्तर उसी दिशा में प्रयास करते रहना नितान्त आवश्यक है । अगर उसने एक पल के लिए भी आत्म नियन्त्रण खो दिया तो वह फिर कितना ही परिश्रम क्यों न करे उस कार्य को न तो पूरा कर पायेगा और न सफलता ही प्राप्त कर पायेगा । अपने मन को उसी दिशा में लगाए रखना आवश्यक है ।

मन पर नियन्त्रण अर्थात आत्म नियन्त्रण कोई सरल कार्य नहीं है । मन पर निरन्तर लगाम कस कर लगाए रखने पर ही सफलता प्राप्त की जा सकती है।

जो व्यक्ति अपनी भावनाओं पर शासन कर सकता है वही दूसरों पर शासन कर सकता है । अपनी भावनाओं पर विजय प्राप्त करने के बाद ही मनुष्य कठिनाइयों, विषम परिस्थितियों

और अपने शत्रुओं का सामना कर सकता है। यदि वह ऐसा नहीं कर सकता तो विरोध और कठिनाइयां उसे तोड़ कर रख देती हैं।

इसलिए सबसे पहले अपने मन को वश में रखना सीखिए और अपने मन को हमेशा अपने उद्देश्य की ओर लगाए रखिए। आप जो कुछ भी करना चाहते हैं, जिस क्षेत्र में उन्नति करना चाहते हैं, उसी में अपना मन लगाए रखें। निरन्तर उसी ओर अपना ध्यान रखिए। किसी और दिशा में मन को भटकने मत दीजिए।

और तब आप स्वयं देखेंगे कि आप कितनी तेजी से उन्नति की दिशा में अग्रसर होते चले जा रहे हैं। आपकी मंजिल कितनी तेजी से आपके निकट आती चली जा रही है।

याद रखिए आपका आत्म नियन्त्रण ही आपको कुछ से कुछ बना सकता है। आज तक जिन लोगों ने उन्नति की है उन सभी में यह गुण विद्यमान था। आप भी सबसे पहले इसी गुण का अपने जीवन में समावेश कीजिए।

आत्मविश्वास और मौलिकता

मौलिकता मनुष्य के भीतर होती है। यह हर व्यक्ति की अपनी व्यक्तिगत रचना होती है। इसलिए यदि आप अपने जीवन को सफलताओं से समृद्ध बनाना चाहते हैं तो सबसे पहले आपको मौलिक बनना पड़ेगा।

एक-दूसरे की नकल करना मनुष्य की स्वाभाविक दुर्बलता है। यह दुर्बलता कुछ लोगों में अधिक और कुछ में कम पाई जाती है लेकिन संसार में ऐसे लोग इने गिने ही पाये जाते हैं जिनमें यह दुर्बलता बिल्कुल नहीं होती।

याद रखिए दूसरों की नकल करके आज तक न तो कोई व्यक्ति किसी क्षेत्र में सफलता ही प्राप्त कर पाया है और न महान ही बन पाया है। सफलता एक ऐसी मौलिक शक्ति है जिसकी नकल नहीं की जा सकती।

जो व्यक्ति अपने भौतिक गुणों और अपनी योग्यताओं को न पहचानकर जीवन में सफलता प्राप्त करना चाहता है, सफलता उससे कोसों दूर रहती है। वह सफलता की छाया तक को स्पर्श नहीं कर पाता।

मौलिकता मनुष्य के भीतर होती है। यह हर व्यक्ति की अपनी व्यक्तिगत रचना होती है। इसलिए यदि आप अपने जीवन को सफलताओं ऐसे समृद्ध बनाना चाहते हैं तो सबसे पहले आपको मौलिक बनना पड़ेगा। और मौलिक बनने के लिए सबसे पहले आपको स्वयं को जानना पहचानना होगा। अपने बाह्य और आन्तरिक स्वरूप तथा गुणों-अवगुणों को जानना होगा। और अपनी 'अन्तरात्मा की आवाज को सुनना होगा।

संसार का कोई भी कार्य या व्यवसाय ऐसा नहीं है जिसमें विकास और उन्नति की सम्भावना न हो। आज संपूर्ण विश्व को ऐसे व्यक्तियों की आवश्यकता है जो अपने कार्य को भली-भांति और सुचारु रूप से कर सकें। यह कभी मत सोचिए कि आपने अपने कार्य की योजना बनाई है ठीक उसी प्रकार की किसी भी योजना की सफलता का कोई उदाहरण आपके सामने नहीं हे। और उदाहरण के अभाव में ही आप अपनी योजना को रद्द कर बैठें। यह मत सोचिए कि उस योजना को क्रियान्वित करने के लिए आपके पास अनुभवों की कमी है या आप आयु में छोटे हैं, इसलिए आपकी योजना सफल नहीं हो पायेगी। विश्वास रखिए कि यदि विश्व

को देने के लिए आपके पास कोई ज्यादा मूल्यवान विचार है तो आपके उस विचार को सुनने और जानने के लिए समूचा विश्व तैयार है । उत्सुकता से आपकी प्रतीक्षा कर रहा है । यदि आपका व्यक्तित्व प्रभावशाली और शक्तिशाली है, आपमें अपने विचारों के अनुरूप विस्तार से सोचने और उन्हें प्रगट करने की शक्ति है अथवा अपने नवीन और मौलिक विचारों के द्वारा किसी कार्य को सफलता तथा कुशलता से सम्पादित कर सकते हैं । और इस बात से भी भयभीत नहीं हैं कि आप अकेले हैं तो विश्वास रखिये सारा संसार आपके मौलिक विचारों को सुनेगा, समझेगा और आपका सम्मान करेगा ।

मौलिक बनिए:

मौलिकता एक ऐसा गुण है जो प्रत्येक व्यक्ति का ध्यान तत्काल आकर्षित कर लेता है । उसमें सभी लोगों को सहज ही अपनी ओर आकर्षित करने की एक महान शक्ति होती है ।

वास्तव में मौलिकता का ही दूसरा नाम सूझबूझ और किसी भी कार्य को नए ढंग से करने की कुशलता है । जिस व्यक्ति में ये सभी गुण होते हैं वह अवश्य ही सफल होता है । और तब संसार उसकी सफलता देखकर अवाक रह जाता है ।

लेकिन इसके लिए सर्वप्रथम इस बात की आवश्यकता है कि आप अपने सामने आने वाली सभी प्रकार की सम्पूर्ण विघ्न-बाधाओं को हटाते हुए अपने मार्ग का स्वयं निर्माण करें । या अपना मार्ग स्वयं ही निर्धारित करें । तभी संसार पर आपका व्यापक प्रभाव पड़ेगा । लोग तभी आपको और आपकी प्रतिभा को पहचान पायेंगे । जो भी व्यक्ति कर्मक्षेत्र में अपने सिर को उठाकर, अपना सीना ठोककर अपनी उपस्थिति की घोषणा करता है, संसार उसी का सम्मान करता है, उसी के आगे सिर झुकाता है । और फिर स्वयं ही उसके महान होने की घोषणा कर देता है । वह उसकी महानता को स्वीकार करके चुप नहीं बैठा रहता बल्कि ऐसे प्रयास करता है कि उस व्यक्ति की महानता की ख्याति फूलों की सुवासित गन्ध की तरह दिगदिगन्त में फैलती चली जाती है ।

अनादिकाल से मौलिकता का महत्त्व रहा है । लोग अनादिकाल से उन व्यक्तियों की महानता को स्वीकार करते चले आये हैं जिन्होंने संसार को अपने मौलिक विचार दिए थे । लेकिन आज के युग में मौलिकता का महत्त्व और अधिक बढ़ गया है । जिन लोगों के पास अपना मौलिक चिन्तन है, अपने मौलिक विचार हैं, आज का संसार उन्हें सामान्य मानव से कहीं अधिक श्रेष्ठ और महान मानता है । ऐसे व्यक्ति ही मानव जाति को रचनात्मक शक्ति प्रदान करते हैं । उनका सम्मान और उनकी आवश्यकता बढ़ती चली जा रही है । इसके विपरीत जिन लोगों में मौलिकता नहीं होती, जो केवल मशीन की भांति अपने कार्य में जुटे

रहते हैं, लोग उन्हें महान नहीं मानते । और उनकी मांग भी घटती जा रही है । संसार में ऐसे लोगों की ही संख्या अधिक है जो परम्परावादी हैं । लकीर पीटते हुए अपनी जिन्दगी गुजार रहे हैं । हर व्यक्ति दूसरे व्यक्ति के पीछे-पीछे चलना चाहता है । उनके पास अपना कोई विचार नहीं होता । न उनमें विचार कर पाने की कोई शक्ति ही होती है । वे चाहते हैं कि विचार करने का कार्य कोई दूसरा व्यक्ति करे ।

मार्गदर्शन वही लोग कर सकते हैं जिनमें मौलिकता होती है । जिनमें ऐसी शक्ति होती है जो उन्हें घिसे-पिटे रास्तों से हटाकर नए रास्ते पर ले जाती है । वे ही उन परम्परागत रास्तों के स्थान पर नवीन मार्गों का निर्माण करते हैं और दूसरों को उस नवीन मार्ग पर चलने के लिए प्रेरित कर सकते हैं ।

वही डाक्टर सफल होता है जो पुराने तौर-तरीकों को छोड़कर नई और मौलिक विधि से रोगियों का उपचार करता है । वही वकील सफल होता है जो मुकदमों की वकालत मौलिक रूप से करता है । वही अध्यापक अधिक सफल होता है जो नवीन साधनों और नवीन विचारों को अपनाकर अध्यापन कार्य करता है ।

वास्तव में ये सफलताएं उन व्यक्तियों की न होकर उनके मौलिक गुणों की होती हैं । क्योंकि यही वह गुण हैं जो ईश्वर प्रदत्त गुण हैं और जिसे समूचा संसार स्वीकार करता है । ऐसा व्यक्ति इस बात को अच्छी तरह जानता है कि उसे ईश्वर ने इस संसार में जिस कार्य के लिए भेजा है वह कार्य उसने किसी और को नहीं सौंपा इसलिए यह कार्य उसी को करना पड़ेगा ।

आज सारे संसार को ऐसे धर्मप्रचारकों और समाज सुधारकों की आवश्यकता है जो अपने आचरण और अपने कर्मों से संसार को नवीनता का संदेश दे सकें । नया रास्ता सुझा सकें । परम्परावादी और रूढ़िग्रस्त झूठी मान्यताओं से दूर ले जाकर उन्हें नवीन और मौलिक सोच-समझ दे सकें ।

संसार में ऐसे आदमियों की कमी नहीं है जो किसी काम को पूरी ईमानदारी से कर सकते हैं । लेकिन वे किसी भी कार्य को ईमानदारी से तभी कर सकते हैं जब कोई दूसरा व्यक्ति उनके लिए कार्य की रूपरेखा और कार्यक्रम बना दे और उन्हें कार्य करने की प्रेरणा दे । कार्य करने के लिए उनका आह्वान कर सके । वे सब ऐसे व्यक्ति के पीछे तो चल सकते हैं लेकिन अगुआ या नेता नहीं बन सकते । ऐसे व्यक्ति बहुत ही कम हैं जिनमें इतनी क्षमता होती है कि वे स्वयं ही किसी कार्य में प्रवृत्त हो सकते हैं । जो किसी भी कार्य को अपनी मौलिक सूझबूझ से आगे बढ़ा सकते हैं! उसे पूरा कर सकते हैं ।

इसलिए कोई भी काम हो, दूसरों की नकल मत कीजिए। दूसरों के पिछलग्गू मत बनिए। जिस ढंग से लोग सदियों से किसी काम को करते आये हैं ठीक उसी ढंग से उस काम को मत कीजिए। उस काम पर अपने ढंग से विचार कीजिए। अपनी मौलिकता से उसे ऐसा रूप दे दीजिए जिसे देखकर लोग दंग रह जायें। और यह मानने के लिए बाध्य हो जायें कि वह अब तक जिस ढंग से उस काम को करते चले आये थे, गलत था। इस तरह आपका स्वतन्त्र और मौलिक चिन्तन आपकी और उस कार्य की सफलता का आधार बन जाएगा।

कार्य सम्पन्नता:

इस बात की चिन्ता मत कीजिए कि आप जिस काम को नया रूप दे रहे हैं, आपको उसमें सफलता मिलेगी अथवा नहीं। केवल इस बात का ध्यान रखिए कि उस कार्य को करने का ढंग आपका अपना ढंग हो, आपका मौलिक तरीका हो। आपकी अपनी निजी योजना पर आधारित हो। इसके साथ ही यह भी आवश्यक है कि आप प्रभावशाली शब्दों में अपने मौलिक तरीकों को दूसरों के सामने स्पष्ट कर सकें। मौलिकता जीवन की जहां एक अमोघ शक्ति है वहीं नकल एक भयावह मृत्यु।

यदि आपमें मौलिकता है तो संसार के सामने आने से हिचकिचाएं नहीं। यदि आपमें मौलिकता होगी तो आपका और आपके मौलिक विचारों का प्रसार और विकास निश्चित रूप से होगा। लेकिन नकल करने पर आप न तो आगे बढ़ पायेंगे, न अपना और समाज का विकास तथा उन्नति ही कर पायेंगे। आप में अगर मौलिक गुण हैं तो आपके बढ़ते हुए कदमों को रोकने का साहस कोई भी नहीं कर पायेगा। नवीन मौलिक रास्ते पर चलने वाले के आगे कोई नहीं होता, लोग हमेशा उसके पीछे ही होते हैं।

आपका उद्देश्य मौलिक होना चाहिए। यदि आपके उद्देश्य में मौलिकता है तो कोई कारण नहीं कि आपको जीवन में सफलता न मिल सके। आपकी पिछली तमाम असफलताओं का कारण आपका घिसे-पिटे रास्तों पर चलना ही था। घिसे-पिटे तौर तरीकों से कार्य करने के कारण ही आपकी प्रगति का मार्ग अवरुद्ध हो गया था।

आज संसार में अनेक ऐसे नवयुवक हैं जो अपने आपको प्रगतिशील तो कहते हैं, लेकिन उनमें मौलिकता का अभाव होता है। इसलिए वे दूसरों के बताए उन्हीं सदियों पुराने रास्तों पर चलने पर विवश हैं। ऐसे प्रगतिशील नौजवानों में कुछ कर गुजरने की शक्ति होती है लेकिन मौलिकता के अभाव में वे अपनी इस शक्ति का सदुपयोग नहीं कर पाते हैं।

मान लीजिए किसी प्रगतिशील नवयुवक के पुरखे सदियों से कोई दुकान या कारखाना चलाते आए हैं और परिवार की परम्परानुसार उसे भी यही काम करना पड़े तो वह उस दुकान या कारखाने का मालिक तो बन बैठेगा लेकिन उसे कोई नया रूप नहीं दे पायेगा । और पुरानी परम्परा का अनुसरण उसकी सारी प्रगतिशीलता को समाप्त कर देगा । या फिर उसके विचारों को यदि परिवार के लोगों ने मान्यता नहीं दी तो भी वह कोई प्रगति नहीं कर पायेगा। निराश होकर वह उन्हीं पुराने ढर्रों को अपनाकर अपने विकास और प्रगति की राह को हमेशा हमेशा के लिए बन्द कर देगा ।

इस प्रकार की ऐसे अनेक नवयुवकों का सर्वनाश हो जाता है जिनमें अद्वितीय गुण होते हैं । लेकिन कोई उनके गुणों से लाभ उठाने को तैयार नहीं होता । उन्हें अपने पाप-दादा के पुराने ढर्रे के नीचे दबकर काम करना पड़ता है जिससे उनकी मौलिक प्रतिभा दम तोड़ देती है । यदि उन्हें अपने मौलिक ढंग से काम करने का अवसर मिलता तो निस्संदेह वे कोई न कोई आश्चर्यजनक काम करके दिखा देते और लोग उन्हें महान मानने लगते ।

आज संसार में ऐसे व्यापारिक प्रतिष्ठानों, संस्थानों और दुकानों की कमी नहीं जहां आज भी पुराने ढंग से ही कारोबार किया जाता है कि वे किसी के भी मौलिक ढंग को अपनाने को तैयार नहीं हैं । इसका परिणाम यह होता है कि उनकी देखभाल या उनमें काम करने वालों की मौलिकता नष्ट हो जाती है। उनकी कार्यशक्ति नष्ट हो जाती है ।

समय के साथ बदलाव:

आज जबकि संसार में नए-नए साधन और काम करने के नए-नए तरीके प्रचलित हो चुके हैं जिनके कारण समय और धन की बचत होती है । काम में आसानी भी होती है और व्यक्ति स्वतन्त्र रूप से अपना कार्य कर सकता है । ऐसी दशा में पुराने साधनों और पुराने तरीकों से चिपके रहने को बुद्धिमत्तापूर्ण नहीं कहा जा सकता । यह प्रवृत्ति बहुत ही घातक है । यही कारण है कि पुराने कारखाने और व्यापारिक प्रतिष्ठान जिनका किसी जमाने में बड़ा नाम था, धीरे-धीरे सिकुड़ कर असफलता और समाप्ति की ओर बढ़ते चले गए और अन्त में बिलकुल समाप्त हो गए । उनके मुकाबले में नए आने वाले नवयुवक बल्कि उनके कर्मचारी अपनी मौलिक प्रतिभा के कारण समय के साथ चले और बड़ी तेजी से उन्नति करते चले गए । आज उनकी गणना सफल और उन्नत व्यवसायिक प्रतिष्ठानों में की जाती है ।

आज का युग विज्ञापन का युग है । और मौलिकता अपने आपमें एक बहुत बड़ा विज्ञापन है । मौलिकता सम्पन्न व्यक्ति जिस ढंग से कार्य करता है वह उसका अपना स्वयं का ढंग होता है ।

उसके द्वारा बनाई गई हर वस्तु औरों से विशिष्टता लिए होती है । उसका प्रत्येक ग्राहक उसका चलता-फिरता विज्ञापन बन जाता है ।

बोस्टन नगर के एक डिपार्टमेंटल स्टोर के मालिक बहुत ही प्रगतिशील विचारों के व्यक्ति हैं । और नित नए और मौलिक विचारों पर चिन्तन करते रहते हैं । वह अपने ग्राहकों को जब कुछ रकम वापस करते हैं तो वह सारी रकम नए सिक्कों में होती है । नए सिक्कों को जुटाने के लिए उन्हें कोई अतिरिक्त व्यय नहीं करना पड़ता और न कोई विशेष कठिनाई होती है । बैंक से बड़ी आसानी से नए सिक्के मिल जाते हैं । लेकिन यह एक बहुत ही बुद्धिमत्तापूर्ण विज्ञापन है । नए सिक्कों के मोह में लोग अक्सर उन्हीं के स्टोर में सामान खरीदने आते हैं । इस नये ढंग को अपनाने के कारण ही उनके स्टोर का व्यवसाय काफी बढ़ गया है । सीधी सी बात है, हाथ में पुराने सिक्के लेने पर कोई आनंद नहीं आता और खोटे सिक्कों का डर भी रहता है जबकि नये सिक्कों को देखकर प्रसन्नता होती है । अपने व्यापार को बढ़ाने के लिए उस डिपार्टमेन्टल स्टोर के मालिक ने जो नये-नये तरीके अपनाये हैं यह तरीका उनमें से एक है ।

आपने प्रायः देखा होगा कि नई साज-सज्जा से सुसज्जित स्टोर और दुकानें सहज ही लोगों को अपनी ओर आकर्षित कर लेती हैं । लोग भी ऐसी जगहों पर जाना पसन्द करते हैं । क्योंकि वे इस बात को अच्छी तरह जानते हैं कि वहां नए-नए डिजाइन का माल मिलता है और वहां हर काम नये ढंग से होता है । या फिर उन्हें अपनी रुचि के अनुसार आधुनिक से आधुनिक वस्तुएं मिल जाती हैं । आज अनेक नए व्यापारिक संस्थान अपने कर्मचारियों को अधिक वेतन केवल इसलिए देते हैं कि वे ग्राहकों से नये से नये ढंग से व्यापार करें जिससे ग्राहक उनके सुन्दर व्यवहार से प्रभावित होकर अधिक से अधिक माल खरीदे ।

और यही कारण है कि इस प्रकार की दुकानों और स्टोरों में भीड़ देखी जाती है जबकि पुराने ढंग की दुकानों और स्टोरों में इक्का-चुका ग्राहक ही नजर आता है ।

न्यूयार्क में एक ऐसा होटल है जो अपना विज्ञापन कभी नहीं करता, लेकिन फिर भी वहां आने वाले ग्राहकों की कमी नहीं होती । जब लोग उस होटल से बाहर निकलते हैं तो हमेशा उसी होटल के बारे में बातचीत करते हैं । यदि कुछ लोगों की उस होटल में कमरा लेने की सामर्थ्य नहीं होती तो वे वहां भोजन करने अवश्य पहुंच जाते हैं ।

वास्तव में वे उस होटल में नए-नए फैशन और प्रसिद्ध व्यक्तियों को देखने के लिए जाते हैं । अगर वह होटल भी अन्य होटलों की तरह विज्ञापन करता तो विज्ञापन पर उस होटल के मूल्य से आधी रकम खर्च हो जाती । लेकिन वह एक पैसा भी विज्ञापन पर खर्च नहीं करता ।

इसका एक कारण है, होटल का अत्याधुनिक और नवीनतम होना । वहां हर चीज और हर बात नई देखने को मिलती है । वहां के साधन नवीनतम हैं । वहां की साज-सज्जा मौलिक है । सारी व्यवस्था में एक अद्भुत मौलिकता दिखाई देती है । इसीलिए लोग वहां खिंचे चले जाते हैं ।

इसका यह अर्थ नहीं है कि अगर आप नये ढंग से काम करने लगेंगे तो उसी से आपको सफलता मिल जायेगी । बल्कि इसका अर्थ है कि यदि आपकी मौलिकता अत्यधिक आकर्षक और प्रभावशाली होगी तभी उसका कोई मूल्य हो सकता है । यदि मौलिकता प्रभावहीन और आकर्षणविहीन है तो उससे कोई लाभ नहीं होगा ।

सैकड़ों ऐसे लोग हैं जो नित नये तरीकों की खोज करते रहते हैं । लेकिन आज तक वे कभी कोई उल्लेखनीय सफलता प्राप्त नहीं कर पाये । इसका कारण केवल यही है कि उनकी मौलिकता में न तो आकर्षण है और न वह प्रभावशाली ही है । उसमें व्यावहारिकता की भी कमी होती है । ऐसी मौलिकता को कार्यरूप में परिणित नहीं किया जा सकता ।

मैं एक ऐसे व्यक्ति को जानता हूं जो नई-नई सूझबूझ के द्वारा नित्य नई कल्पनाएं करता रहता है । लेकिन उसे सफलता कभी नहीं मिल पाती । इसी तरह वह पुरखों से प्राप्त न जाने कितनी सम्पत्ति नष्ट कर गया है । लेकिन वह आज तक अपने व्यवसाय की उचित रूप से व्यवस्था नहीं कर पाया है । इससे स्पष्ट हो जाता है कि उसके पास मौलिकता तो है लेकिन उसमें निर्णयात्मक विवेक और व्यावसायिक कार्यकुशलता का अभाव है ।

यदि कोई नवयुवक अपनी कार्यकुशलता का अधिक से अधिक उपयोग कर सकता है तो उसे चाहिए कि वह अपने काम में मौलिकता का अधिक से अधिक उपयोग करे और काम में श्रेष्ठता तथा उत्तमता लाने का निरन्तर प्रयास करे । जब वह कोई काम आरम्भ करे तो उसे इस बात का दृढ़ निश्चय भी कर लेना चाहिए कि उसकी प्रत्येक सामग्री पर उसके व्यक्तित्व और उसकी मौलिकता की छाप स्पष्ट अंकित हो सके । मौलिकता की यह छाप ही उसके चरित्र की भी छाप होगी । क्योंकि उसकी बनाई हुई प्रत्येक वस्तु से उसकी मौलिकता की समस्त विशेषतायें स्पष्ट दिखाई देंगी । तब उसके चरित्र का ट्रेडमार्क हाथ से निकली हर वस्तु पर अंकित होगा जिसे देखते ही लोग दूर से ही पहचान लेंगे कि यह वस्तु अमुक व्यक्ति के हाथों से निकली है । इस प्रकार कार्य करने पर विज्ञापन की कोई आवश्यकता ही नहीं रह जायेगी । उसकी मौलिकता ही उसके लिए विज्ञापन का कार्य करेगी ।

अक्सर आप सुनते होंगे कि अमुक वस्तु मुंह से बोलती है । इसका सीधा सादा अर्थ यही है कि वह वस्तु वास्तव में अच्छी और उपयोगी है ।

अनेक लोग नये ढंग से काम करने में बहुत कतराते हैं । ऐसे लोग हमेशा दूसरों का अनुकरण करते रहते हैं । वास्तव में ऐसे लोग अपना सिद्धांत बना लेते हैं कि जो बात उनके पूर्वजों के लिए अच्छी थी वही उनके लिए भी अच्छी सिद्ध होगी । ऐसे लोग परिवर्तन शब्द के नाम से ही घबरा उठते हैं । उनके सामने केवल अपने पूर्वजों का उदाहरण ही मूल्यवान होता है । वे उसी से अपना सरोकार रखते हैं । वे दूसरों के उदाहरण से कुछ भी ग्रहण करने के लिए तैयार नहीं होते । जब ऐसे व्यक्तियों के स्वभाव में यह बात रच-बस जाती है तो वे किसी भी दशा में नए ढंग को नहीं अपना पाते । वे उन्हें अपनाने के बारे में सोच ही नहीं सकते । वे तो हमेशा यही सोचते रहते हैं कि जब अभी तक किसी ने किसी नए तरीके को नहीं अपनाया तो अवश्य ही उसका कोई कारण रहा होगा ।

ऐसे व्यक्तियों को अपने परम्परागत रीति-रिवाजों से बेहद लगाव होता है । पुरानी बातों के प्रति उनके मन में गहरी आसक्ति होती है । उनकी दृढ़ धारणा होती है कि जो कुछ भी पुराना है वह अत्यन्त मूल्यवान है ।

वास्तव में इस प्रकार की पुरातन रूढ़ियों और परम्पराओं के बन्धनों में जकड़े लोग न तो स्वयं अपना विकास कर पाते हैं और न दूसरों को विकास करने देते हैं । वे हमेशा दूसरों के विकास में बाधक बनते रहते हैं ।

आपको बिना खोजे ही हर गांव, हर कस्बे और हर नगर में इस प्रकार के लोग मिल जायेंगे जिन्हें पुराने ढंग के मकान, पुराना फर्नीचर और पुराने तौर-तरीकों से बेहद लगाव है । ऐसे लोग अपने जीवन के अन्त तक प्रगति और विकास से दूर रहते हैं । लेकिन वे यही समझते रहते हैं कि वे इतनी अधिक प्रगति कर चुके है कि अब और प्रगति करने की उन्हें कोई आवश्यकता ही नहीं है ।

ऐसे लोगों को नए विचारों से बहुत डर लगता है । वे जीवन भर पुराने रिवाजों और विचारों के गुलाम बने रहते हैं । प्रगति की दिशा में बढ़ने की न तो उन्हें इच्छा होती है और न उन्हें सफलता ही मिल पाती है । वह तो दूसरों के पीछे दौड़ने वाले हैं । वे किसी भी नई विधि और नई वस्तु की ओर आकर्षित हो ही नहीं सकते और पिछड़ जाते हैं । ऐसे व्यक्ति शक्तिहीन होते हैं। वे नये जमाने के साथ नहीं चल पाते क्योंकि नए जमाने के साथ चल पाने की उनमें सामर्थ्य नहीं होती और न इच्छा ही होती है ।

कुछ लोग अपनी असफलताओं के लिए अपने भाग्य को दोष देते रहते हैं । वे अपने आपको भाग्यहीन समझते हैं । और हर समय इस बात से डरते रहते हैं कि कोई दूसरा व्यक्ति उन्हें असामान्य न मान बैठे । लेकिन उस परमपिता परमात्मा ने इस संसार में किन्हीं भी दो

वस्तुओं को एक समान नहीं बनाया । न ही दो व्यक्तियों को एक जैसे बनाया है । हर व्यक्ति को जन्म देने के बाद प्रकृति उन सांचों को तोड़ डालती है और फिर नये सांचे बनाकर नए इन्सान ढालना शुरू कर देती है । अनादिकाल से प्रकृति का यही चक्र चलता आया है ।

संसार में जो भी व्यक्ति विशिष्ट होते हैं उनका चरित्र भी विशिष्ट, उदात्त और महान होता है । उनमें मौलिकता होती है जो उनके व्यक्तित्व को अत्यधिक प्रभावशाली, आकर्षक और सुदृढ़ बना देती है । यही कारण है कि भीड़ में भी उन्हें सहज ही पहचाना जा सकता है । विशिष्ट होना दुर्बलता नहीं बल्कि सबलता का प्रतीक है ।

अमेरिका के प्रेसीडेन्ट अब्राहम लिंकन का व्यक्तित्व बहुत ही विशिष्टतापूर्ण था । लेकिन उनकी विशिष्टता उनके चरित्र से पृथक नहीं की जा सकती थी । ऐसी विशिष्टता जिसके कारण व्यक्ति आकर्षणहीन दिखाई दे अनेक बार बाद में लाभदायक प्रमाणित होती देखी गई है ।

दूसरों की नकल से बचे:

नकल करने वाले व्यक्ति से बढ़कर आकर्षणविहीन व्यक्ति और कौन हो सकता है? जिस व्यक्ति की मुखाकृति पर उसके व्यक्तित्व की छाप दृष्टिगोचर नहीं होती अथवा जिसमें कोई विशिष्टता नहीं होती क्या उसका भी कोई व्यक्तित्व हो सकता है? सभी लोग उसी व्यक्ति को पसंद करते हैं जिसमें दृढ़ता हो, उत्साह हो । जो अपने व्यक्तित्व से दूसरों को प्रभावित और आकर्षित कर सके । जो विराट बनकर दूसरों पर छा जाए । जो दूसरों से ऊंचा और महान दिखाई देता है लोग उसी से डरते हैं और उसी की प्रशंसा भी करते हैं । क्योंकि उसके सामने पहुंचते ही उन्हें ऐसा अनुभव होने लगता है जैसे वे किसी विशाल पर्वत के सामने आ खड़े हुए हों । वे उस विशाल पर्वत की ऊबड़-खाबड़ चोटियों और खुरदरी घाटियों को कभी भी सपाट और समतल बनाना नहीं चाहते । क्योंकि वे ही उस विशाल पर्वत की विशालता की प्रतीक होती है । उन्हीं से उस पर्वत के गौरव, शक्ति और महानता का अनुभव होता है ।

इसी प्रकार किसी भी व्यक्ति के चरित्र से उसकी कठोरता और खुरदरेपन को दूर नहीं करना चाहिए । क्योंकि यही तो वे गुण हैं जो उसके व्यक्तित्व को औरों से अलग-थलग बनाते हैं । उसके पृथक अस्तित्व का बोध कराते हैं ।

इस सच्चाई में संदेह की कतई गुंजाइश नहीं है कि वही व्यक्ति प्रगति कर सकता है, वही उन्नति कर सकता है जिसमें मौलिकता होती है, यही नहीं उसके द्वारा बनाए गए मार्ग पर चलकर दूसरे लोग भी उन्नति कर सकते हैं ।

संसार में जो कुछ भी नवीन, शक्तिसम्पन्न और प्रगतिशील दिखाई देता है वह सब इसी प्रकार के मौलिक व्यक्तियों के हाथों द्वारा निर्मित हुआ है ।

जो व्यक्ति अपना कार्यक्रम स्वयं निश्चित करता है वह कभी भी दूसरों की नकल नहीं करता । और न दूसरों की सलाह या निर्देश के अनुसार चलता ही है । वह निर्भय होकर अपनी बुद्धि के अनुसार कार्य करता है । जो व्यक्ति साहस, दृढ़ता और वीरता से अपने लक्ष्य की ओर बढ़ता चला जाता है उसी व्यक्ति का दूसरे लोगों पर प्रभाव पड़ता है । उसमें एक ऐसी शक्ति होती है जो किसी भी काम को पूरा कर दिखाती है और सफलता प्राप्ति में सहायक सिद्ध होती है । ऐसे व्यक्तियों में निर्भयता कूट-कूट कर भरी होती है । उनमें साहस और उत्साह की अपार शक्तियां विद्यमान होती हैं जो उसकी मौलिकता के साथ मिलकर उसकी विशिष्ट योग्यता और गुणों को प्रभावित करती हैं । नकल करने वाले व्यक्ति कायर और दुर्बल होते हैं । उनमें उत्साह और साहस का अभाव होता है ।

इसलिए आवश्यक है कि आप अपने मौलिक विचारों के सहारे साहस से आगे बड़े । अधिक से अधिक मौलिक बनने का प्रयास करें । कौन जाने आपकी मौलिकता और आपकी नई सूझ-बूझ किसी ऐसी वस्तु का निर्माण कर बैठे जो समस्त मानव जाति के लिए उपयोगी सिद्ध हो ।

इसलिए अपने आत्म विश्वास को जगाइए और नवीनता तथा मौलिकता की छाप उस हर वस्तु पर लगा दीजिए जिसका आपने निर्माण किया है ।

भीड़ से न तो दूर भागने की कोशिश कीजिए और न उसे देख कर घबराइए । प्रत्येक बात में अपने पूर्वजों का अनुसरण करने का प्रयत्न मत कीजिए । ऐसा करना उतना ही अविवेकपूर्ण होगा जितना कमल के फूल का यह सोचना कि वह सूरजमुखी का फूल बन जाए ।

प्रकृति ने प्रत्येक व्यक्ति को उसके उद्देश्य के अनुसार ही विशिष्ट साधन प्रदान किए हैं । और हर व्यक्ति को उसने किसी न किसी विशिष्ट काम को करने के लिए ही पैदा किया है । इसलिए अगर वह अपनी सूझ-बूझ को जेब में रखकर दूसरे व्यक्तियों की नकल करता है या अपने लिए प्रकृति द्वारा निर्धारित काम को करने के बजाय अन्य कोई काम करता है वह न तो किसी काम को ठीक ढंग से कर पाता है और न उसे जीवन में कभी कोई सफलता ही प्राप्त होती है ।

अनेक व्यक्ति अपने आदर्श व्यक्तियों और नेताओं की नकल करते हुए देखे जाते हैं । कोई उनकी पेशाकों की नकल करता है तो कोई उनके बोलने के अन्दाज की । इस नकल का परिणाम यह होता है कि ऐसे व्यक्ति अपनी विशिष्टता से भी हाथ धो बैठते हैं । और जिन नेताओं की नकल या अनुसरण करने का प्रयास करते हैं वैसे भी नहीं बन पाते । कोई भी व्यक्ति

दूसरे व्यक्ति जैसा नहीं बन सकता । इसका एकमात्र कारण यही होता है कि उनमें उस आदर्श व्यक्ति और उस नेता जैसी शक्ति नहीं होगी । फिर यह संसार भी तो नक्कालों को किसी भी दशा में आगे नहीं बढ़ने देता । क्योंकि वह नकल को सहन ही नहीं कर पाता ।

जो व्यक्ति दूसरों की नकल के साथ अपने को बांध लेता है उसका विकास और उसकी उन्नति हो भी कैसे सकती है! वह तो हमेशा ही शक्तिहीन, सामर्थ्यहीन और व्यक्तित्वहीन ही रहता है । जिनकी वह नकल करता है वैसा कभी बन ही नहीं पाता ।

आपने अक्सर देखा होगा कि हर संस्थान में कोई न कोई ऐसा व्यक्ति अवश्य होता है जिसकी सूझबूझ नितान्त मौलिक होती है । ऐसे व्यक्ति ही प्रभावशाली होते हैं और सब पर शासन करते हैं । इसलिए अगर आप दूसरों पर शासन करना चाहते हैं, अथवा उनसे भिन्न होकर प्रगति करना चाहते हैं तो अपने आपको पहचानें, अपनी शक्तियों को पहचानें, अपनी योग्यता और गुणों को पहचानें । और इन सबसे कहीं अधिक आवश्यक है कि आप अपनी मौलिकता को पहचानें और हर समय इस बात का ध्यान रखें कि आप अन्य किसी भी व्यक्ति की न तो नकल करेंगे और न उसकी अनुकृति ही बनेंगे । तभी आपका आत्मविश्वास बढ़ेगा और तभी आप दूसरों पर शासन करने में सफल और सक्षम बन पायेंगे ।

याद रखिए, जब कभी भी लोग आपके विषय में यह कहना आरम्भ कर देंगे कि आप जैसा मौलिक व्यक्ति आज तक उन्होंने कोई दूसरा नहीं देखा उसी दिन आपको अपनी श्रेष्ठता की छाप लगी दिखाई देगी ।

हर व्यक्ति किसी भी ऐसे व्यक्ति से मिलकर बात करके स्वयं को तरोताजा अनुभव करता है जिसके पास मौलिकता होती है । क्योंकि मौलिक व्यक्ति लकीर के फकीर नहीं होते, पुराने ढर्रे के गुलाम नहीं होते और न वे रूढ़ियों के दास ही होते हैं । वे हमेशा अपनी ही आंखों से देखते हैं । अपने कानों से सुनते हैं और अपने पैरों से चलते हैं । इसीलिए वे और लोगों, यानी नकल करने वाले लोगों की अपेक्षा शक्ति सम्पन्न और सफल सिद्ध होते हैं ।

याद रखिए नकल करने से आज तक न तो किसी को कभी कुछ प्राप्त हुआ है और न भविष्य में ही प्राप्त होगा । आपको अपने मौलिक रूप में संसार के सामने आना होगा । अपनी शक्तियों को प्रगट करना होगा । भले ही आप कितना ही प्रयत्न क्यों न करें, किसी भी दूसरे व्यक्ति के स्थान तक नहीं पहुंच सकते । यदि आप ऐसा करने की चेष्टा करेंगे तो आप दूसरों को अस्वाभाविक, अकर्मण्य, अप्राकृतिक और आकर्षणविहीन दिखाई देंगे । और आपके समस्त गुण और शक्तियां व्यर्थ ही नष्ट हो जायेंगी ।

हमेशा याद रखिए कि मौलिकता ही आपके व्यक्तित्व के विकास में सबसे बड़ी सहायक सिद्ध होती है और वही आपमें आत्म-विश्वास पैदा करती है जो जीवन की सफलता के लिए अत्यन्त आवश्यक है ।

दुर्भावना पालना हानिकारक

यह साफतौर से जाहिर था कि उसकी मौत भावनाओं से पैदा हुई शारीरिक व्याधियों के कारण हुई । लंबे समय से उसके मन में जड़ जमाए गहरी दुर्भावनाओं ने ही अंततः उसकी जान ले ली ।

डा० जेम्स डेलवान वसक्रिक ने अपनी पुस्तक रिलीजन हीलिंग एंड हैल्थ में डा० वाल्टर अल्वारेज के क्लीनिक में इलाज कराने वाले एक रोगी का किस्सा दिया है जो दुर्भावना के चलते स्वयं ही मर गया । पिता की मृत्यु के समय जब रोगी और उसकी बहन के बीच पैतृक संपत्ति को लेकर विवाद पैदा हुआ तो वह एकदम चंगा था । विवाद का निपटारा बहन के पक्ष में हुआ और वह संपत्ति की वारिस बन गई । उसी समय से रोगी दिन-रात संपत्ति के ख्याल में रहने लगा ।

यह उसकी मानसिक बीमारी बन गई । बहन के प्रति उसके मन में दुर्भावना घर कर गई और वह उससे तीव्र घृणा करने लगा । अंततः उसके अंदर बीमारी के लवण पैदा हो गए । उसकी श्वास गति बिगड़ गई, हृदय और रक्तचाप संबंधी समस्याएं पैदा हो गईं । इसके बाद अन्य शारीरिक व्याधियां प्रकट होने लगीं और कुछ ही महीनों में वह इस दुनिया से कूच कर गया । रोगी के बारे में डा० ने यह बयान दिया, "यह साफ तौर से जाहिर था कि उसकी मौत भावनाओं से पैदा हुई शारीरिक व्याधियों के कारण हुई । लंबे समय से उसके मन में जड़ जमाए गहरी दुर्भावनाओं ने ही अंततः उसकी जान ले ली ।"

आजकल शरीर पर आत्मा के गहन प्रभाव की बात सभी लोग स्वीकार करते है अगर आत्मा रुग्ण है तो शरीर भी बीमार हो सकता है । इससे पता चलता है कि स्वस्थ होने के लिये पवित्र होना भी जरूरी है ।

आंतरिक संतुलन उस बीमारी का शक्तिशाली प्रतिरोधक है जिसे असंतुलन पैदा करता है । आस्था पीड़ा को, विशेषकर मनोगत पीड़ा को कम करने में सहायता करती है ।

यीशु भी मनुष्य के अंदर और बाहर इस आंतरिक संतुलन को स्थापित करके उसका उपचार करते हैं । संतुलन स्वास्थ्य के लिये इतना आवश्यक है कि उसका बयान नहीं किया जा सकता ।

प्रतिशोध पूर्ण भावनाएं रखने के कारण चौपट हुए स्वास्थ्य पर संतुलन का सकारात्मक असर होता है ।

चर्च के एक कर्मचारी ने मुझे एक लड़की के बारे में बताया । जिसने एक साथ नींद की अट्ठाईस गोलियां खा लीं और मरणासन्न हो गई । डॉक्टर ने कहा कि उसके ठीक होने की संभावनाएं बहुत कम हैं क्योंकि उसमें जीने की इच्छा ही नहीं है । लड़की का पिता घटिया किस्म का आदमी था । सारे घर में तनाव और दुर्भावना का माहौल था । लड़की अत्यंत धार्मिक प्रवृत्ति की थी और पिता के प्रति अपने दायित्व को समझती थी । लेकिन पिता के प्रति घृणा भाव रखने के कारण उसके अंदर अपराध-बोध पैदा हो गया । असंगति की यह स्थिति उसके लिये असहनीय हो गई । हीनता बोध से लड़की के अंदर गहरी निराशा घर कर गई और अंततः उसने आत्महत्या करने का निर्णय ले लिया ।

पादरी ने उक्त परिवार को सलाह देते हुए आपसी आत्मिक प्रेमभाव बनाए रखने को कहा । प्रार्थना, आत्मनिरीक्षण और क्षमाभाव के आधार पर इस परिवार के सदस्यों ने अपने तथा प्रभु के मध्य सामंजस्य पैदा कर लिया? घृणा समाप्त हो गई और उसका स्थान प्रेम की रचनात्मक भावना ने ग्रहण कर लिया इससे समूचा परिवार आस्था के स्वास्थ्यवर्धक प्रभाव के लिये तैयार हो गया । उसने बीमार लड़की को भगवान वे सहारे छोड़ दिया । उन्होंने कहा कि भगवान की संतान होने के नाते पहले ही उसकी कृपा लड़की पर असर दिखा रही थी । उन्होंने प्रेम और आस्था से लड़की के ठीक हो जाने की प्रार्थना की और उसे भगवान की मर्जी पर छोड़ दिया । फिर पादरी उस परिवार को चर्च लेकर गया । उसने सदस्यों को वेदी के सम्मुख झुकने और प्रार्थना करने के लिये कहा ताकि उनके हृदय और घर में सद्भाव पैदा हो सके।

परिवार के मुखिया ने पहले कभी सस्वर प्रार्थना नहीं की थी लेकिन आज उसने सीधी-सादी लेकिन आरोग्यकारी प्रार्थना की, "प्रभु! मैं घटिया आदमी हूं। मैं आपसे प्रार्थना करता हूं कि मेरे हृदय से कमीनापन निकालकर मुझे अपने सद्भाव से भर दो ।"

पादरी ने बताया कि उसी क्षण से लड़की की हालत में सुधार आने लगा और थोड़े ही समय में वह अच्छी हो गई । डॉक्टर ने भी इस बात की पुष्टि की। पादरी ने बाद में गर्व के साथ बताया, "वह पिता इन दिनों हमारे चर्च का सबसे अच्छा ईसाई है और उसके घर में सुख और शांति का वास है ।"

आस्था का स्वस्थ प्रभाव:

इस तरह स्वस्थ चिंतन से स्वस्थ भावनाओं का जन्म होता है । इस बात को कभी मत भूलिए कि आस्था और शारीरिक तथा मानसिक स्वास्थ्य में बहुत निकट का संबंध है ।

पीड़ा झेल रहा व्यक्ति किसी अन्य चीज में ध्यान लगाकर अपनी पीड़ा से कम-से-कम अस्थायी रूप से राहत पा सकता है । साइनस रोग से ग्रस्त एक प्रोफेसर ने महसूस किया कि दिन में जब वह तीन घंटे पढ़ रहा होता है तो उसे दर्द का कोई अहसास नहीं होता । दूसरे शब्दों में कहें तो उसके लिये अध्यापन पीड़ा के दुखद होने से ज्यादा सुखद था ।

स्थायी दर्द से परेशान एक दूसरे आदमी ने राहत पाने के लिये दूसरा तरीका खोजा । वह अपनी पत्नी से कहता है, "मेरी पीठ में दर्द है इसलिये बेहतर है कि मैं कार धो डालूं ।"

मेरे पिता भी गठिया के दर्द से परेशान रहते थे । उनके पीड़ा संबंधी विचार मुझे बहुत विशिष्ट लगते थे । वे कहते थे, "अपनी बीमारी के बारे में जितना जान सकते हो, उतना जान लो । इसकी रोकथाम के लिये जो जरूरी हो उसे सीख लो । यह सब करने पर भी बात न बने तो इसके साथ जीना सीख लो ।"

उनकी सलाह थी कि आदमी को मुख्य लक्षणों के बारे में ही सचेत होना चाहिए । उसे उन नए लक्षणों की चिंता नहीं करनी चाहिए । उदाहरणार्थ व्यक्ति गठिया रोग में अन्य मांसपेशियों में दर्द के समय चिंतित हो जाता है । इस तथ्य को जान लेना मात्र कि ये पीड़ाएं क्या हैं, दूसरे लक्षणों के प्रभाव को कम कर देता है । मेरे पिता का कहना है, "यदि आपको गठिया है तो बस यह कहें कि यह गठिया रोग है और इसी तरह परेशान करता है ।" जैसे और लोग कहते हैं, "दर्द को सहज भाव से सहन करो ।" वे आगे कहते हैं, "अपनी सीमाओं में रहकर भी आप एक महान् जीवन व्यतीत कर सकते हैं ।"

ये सब बातें हमें यह बोध कराती हैं कि दर्द से मुक्ति पाने का सबसे व्यावहारिक हल अपने मन को इस बात के लिये तैयार कर लेना है कि हमें इस दर्द को सहन करना ही है । निस्संदेह दर्द का असर बहुत कष्टकारी होता है। लेकिन मन और आत्मा की शक्ति इससे कहीं ज्यादा होती है । दर्द के प्रति दिमाग में न केवल दार्शनिक भाव पैदा किए जा सकते हैं, बल्कि कुछ लोगों ने अनुशासन द्वारा ऐसी मनःस्थिति बना ली है कि वे दर्द के समय बाहरी रूप से कोई प्रतिक्रिया ही नहीं करते । ऐसे लोग बड़ी से बड़ी पीड़ा को झेल जाते हैं, जिन्हें बचपन से ही यह सीख दी गई है कि अपने दर्द को ज्यादा महसूस न करें, जबकि दर्द के बारे में ज्यादा सचेत रहने वाले लोग उसे कुछ ज्यादा ही महसूस करते हैं ।

सुपरसोनिक ध्वनि के द्वारा पीड़ा नियंत्रण पर शोध कर रहे एक तंत्रिका विज्ञानी का कहना है कि दिमाग में पीड़ा के संकेत मार्ग को नष्ट करने के लिये उच्च तरंग दैर्घ्य वाली ध्वनि तरंगों का इस्तेमाल किया जाता है । शायद प्रार्थना और आस्था भी ईश्वर से उपासक तक पहुंचने

वाली उच्च तरंग दैर्घ्य की आत्मिक तरंगों को सक्रिय कर देती हैं जो हमारी चेतना के "पीड़ा मार्ग" को नष्ट कर देती हैं।

दर्द सहन करने के लिये प्रार्थना करना बेहद जरूरी है। आपको यह अधिकार है कि ईश्वर से अपनी पीड़ा हरने या कम करने के लिये कहें। यही वह चीज है जिसे आप मन से चाहते हैं। कोई भी सीधी-सादी व न्यायसंगत इच्छा भगवान के सामने रखी जा सकती है। इस बात का यकीन करें कि वह आपकी इच्छा जरूर पूरी करेगा।

अपनी पीड़ा ईश्वर के हाथों में सौंप दें। यदि उसकी इच्छा यह है कि आप पीड़ा को सहन करें तो वह आपको इसे सहने की शक्ति भी देगा। उन लोगों के लिये भी प्रार्थना करें जो पीड़ा भोग रहे हैं। सभी पीड़ित जनों के प्रति दया का भाव पैदा करें। प्रेम और सहानुभूति का प्रवाह जैसे-जैसे आपके अंदर से बाहर की ओर निकलता है, वैसे-वैसे ही आरोग्यकारी शक्तियां आपके अंदर प्रवेश करना शुरू कर देती हैं।

यह पत्र पीड़ा में प्रार्थना के प्रभावकारी उपयोग के बारे में जानकारी देता है.?

"प्रिय स्वेट,

मुझे आठ महीने पहले दिल का दौरा पड़ा। मैं इक्यावन साल का हूं और पिछले बीस साल से एथलैटिक कोच के रूप में काम कर रहा हूं। हालांकि मेरी पत्नी एक धर्मपरायण ईसाई है लेकिन मैं स्वयं आध्यात्मिक मुक्ति के लिये तरस रहा हूं। बीमारी के दौरान मैंने आपकी किताब पड़ी। इसके बाद मैंने बाइबिल पढ़ना शुरू कर दिया। मैंने गहन चिंतन-मनन किया और पहली बार प्रार्थना शुरू की। मुझे यह देखकर अचरज हुआ कि मैं औरों के लिये भी उतनी ही प्रार्थना कर रहा था जितनी अपने लिए। मैंने आपकी किताब और प्रवचन पढ़ना जारी रखा तथा अखंड भाव से प्रार्थना करता रहा।

एक रात बिस्तर में पड़े हुए दर्द से कराह रहा था। तब मैंने हर चीज भगवान के हाथों में सौंपने का निर्णय किया जब मैं शांत मन से प्रार्थना कर रहा था तो मैंने महसूस किया कि मैं रो रहा हूं। तभी मेरे अस्तित्व पर कोमलता, प्रकाश, स्थायी शांति और आनंद के भाव तारी हो गए और पीड़ा विलीन हो गई।"

स्वयं को इस सीमा तक भगवान को सौंप देने से ही वह आंतरिक शांति और दैवीय प्रेम प्राप्त होता है, जो पीड़ा को तिरोहित कर देता है।

जैसे मैं पहले कह चुका हूं कि कष्ट और यातना से मुक्ति पाने के लिये आध्यात्मिक ग्राहिता आवश्यक है। यदि गहन प्रार्थना के बाद भी कष्ट समाप्त नहीं होते तो व्यक्ति ईश्वर से इस कष्ट को सहन करने तथा रचनात्मक बनने की शक्ति प्राप्त करे। लेकिन यह बात कभी न भूले कि

पीड़ा से ऊपर उठने और उसे जीतने की शक्ति आपके अंदर ही है और इस संभावना को खारिज न करें कि गहन प्रार्थना और आस्था के बल पर आपको पीड़ा से पूर्णरूपेण छुटकारा मिल सकता है।

मैं एन्ड्रिया जहाज को डूबने से बचाने के लिये आए फ्रांसीसी जलयान एल द फ्रांस के कैप्टन राल द बोदीन की बातों से बहुत प्रभावित हुआ। जब फ्रांसीसी जहाज घटनास्थल पर पहुंचा तो वहां कोहरा सघन हो चुका था। कैप्टन ने कहा, "मैंने कोहरा घटने के लिए गहन मानसिक प्रार्थना की और वास्तव में कोहरा छंटने लगा।" कैप्टन का यह वाक्य "गहन मानसिक प्रार्थना" अत्यंत महत्त्व का है।

मेरे एक दोस्त ने मुझे एक डॉक्टर के प्रेस्क्रिपशन के बारे में बताया जो उसने गले और छाती के रोग से ग्रस्त महिला को दिया था। उसमें लिखा था, "और भी उत्साह से प्रार्थना करें।"

दोस्त ने पूछा, "क्या उसने आपके परामर्श पर अमल किया ?"

"हां उसने वास्तव में अमल किया।" डॉक्टर ने बताया।

"वह बेहद पीड़ा में थी, उसमें संक्रमण के लक्षण साफ दिखाई पड़ रहे थे। लेकिन मैं उसकी समस्या की तह में नहीं जा सका क्योंकि समस्या आंतरिक थी।"

"क्या इस परामर्श से वह स्वस्थ हो गई ?"

इसके उत्तर में डॉक्टर ने कहा, "हां, शारीरिक, मानसिक और आध्यात्मिक सभी दृष्टि से।"

शरीर रचना और औषधि विज्ञान के क्षेत्र में नोबल पुरस्कार प्राप्त विजेता डा० एलेक्सिस कारेल ने आध्यात्मिक उपचार के संबंध में अनेक चिकित्सा रिपोर्ट लिखीं। उन्होंने कहा था, "प्रार्थना उपचार की अपरिहार्य शर्त है।"

आस्था की शक्ति

और आस्था की प्रार्थना रोगी की रक्षा करेगी और प्रभु उसका पोषण करेंगे तथा अगर उसने पाप भी किए हैं तो उसे क्षमा कर दिया जाएगा ।

प्राइस एक दिन चर्च में स्थित उस कक्ष में बैठा, जहां कभी वर्षों पहले महान तंत्रिका विशेषज्ञ और साइकोसोमेटिक औषधि के प्रणेता डॉ. एस वेयर मिशेल बैठा करते थे । उसे डा० मिशेल के प्रसिद्ध शब्द याद आये, "रोग शरीर में नहीं मन में पैदा होता है ।" उसने बाइबिल का अवतरण निकाला और पड़ा, "क्या तुम्हारे बीच कोई रोगी है अगर कोई है तो वह चर्च के वरिष्ठ सदस्यों से मिले और वरिष्ठ सदस्य रोगी के लिये प्रार्थना करें... ।"

"और आस्था की प्रार्थना रोगी की रक्षा करेगी और प्रभु उसका पोषण करेंगे तथा अगर उसने पाप भी किये हैं तो उसे क्षमा कर दिया जायेगा" -जेम्स प्रार्थना से उठकर डा० प्राइस ने प्रभु यीशु के नाम से लोगों का उपचार करना आरंभ कर दिया ।

वह कहता है, "प्रभु स्वास्थ्य की रक्षा करते हैं । यदि याद रखें कि प्रभु सच्ची प्रार्थना का उत्तर हमारी आस्था के अनुरूप ही देते हैं । उचित स्थिति बनने पर ईश्वर की शक्ति हमारे अन्दर प्रवेश कर जाती है और प्रत्येक तंत्रिका, ऊतक तथा रक्त की हरेक बूंद का उपचार करती है । अपनी आध्यात्मिक कल्पना के द्वारा मन में अपने शरीर या दिमाग की श्रेष्ठतम छवि अंकित करें ।"

डा० प्राइस कहते हैं, "अपने उपचार तंत्र में हम बीमार व्यक्ति के मन और आत्मा को पहला स्थान देते हैं । जब वह चीज सध जाती है तो उपचार स्वयं ही होने लगता है ।"

गर्टड डी. मेकलेवी का कहना है कि कुछ लोग तो तुरंत ठीक हो जाते हैं और कुछ ठीक होने में थोड़ा ज्यादा समय लेते हैं । ऐसे लोग जो फिर भी ठीक नहीं होते, यह बात जरूर स्वीकार करते हैं कि उनके अन्दर बीमारी से लड़ने की नयी हिम्मत पैदा हुई है ।

श्रीमती जे. होज का उदाहरण इस बात की पुष्टि करता है! वे गठिया रोग से बुरी तरह ग्रस्त थीं । स्थिति यह थी कि वे अपनी अंगुली तक नहीं मोड़ पाती थी।

उन्होंने डा० प्राइस को बताया, "वदी के समुख झुके हुए मेरे मन में एक डाक्टर का नाम घूमता रहा । मैं अनेक डाक्टरों के यहां जा चुकी थी लेकिन एक और डाक्टर को आजमाने की इच्छा मेरे अन्दर बलवती हो गयी । यह ईश्वर का संकेत था ।"

"क्या आप डाक्टर को जानती थीं ?"

मिसेज होज ने आश्चर्य से कहा, "नहीं, जहां तक मुझे मालूम था न तो मैंने उसके बारे में पहले सुना ही था और न ही यह जानती थी कि वह कहां मिलेगा । सेंट स्टीफन चर्च से बाहर सड़क पर आकर मेरे मन में यह विचार कौंधा कि जैफरसन अस्पताल नजदीक ही है और मुझे वहां जाकर डाक्टर के बारे में पूछना चाहिए ।

अस्पताल पहुंचने पर जब मुझे यह पता चला कि डाक्टर साहब अभी खाना खाकर उठे हैं और वे मेरा चेकअप कर सकते हैं तो मुझे बड़ा आश्चर्य हुआ । डाक्टर ने कहा कि मैंने वहां आकर अच्छा ही किया क्योंकि उसने एक नये सीरप का आविष्कार किया है जो मेरे गठिया रोग को ठीक कर सकता है। उसने मुझसे पूछा कि क्या मैं नये सीरप से इलाज कराने के लिये तैयार हूं । मैंने सहमति दे दी और पांच हफ्तों में ही मैं बिल्कुल ठीक हो गई । तभी से मैंने अपने हाथों को भगवान की सेवा में अर्पित कर रखा है ।" उसने अपने हाथ फैलाते हुए बात खत्म की । उसके हाथ अब सामान्य हो चुके थे, उन पर गांठों और विकृतियों का कोई चिन्ह नहीं था ।

हम एक ऐसी दुनिया में रहते हैं जो आश्चर्यों से भरी पड़ी है । वास्तव में हमने ऐसी अचरज भरी चीजें घटित होते देखी हैं कि हमें अब किसी बात पर संदेह नहीं होता । इस आधार पर क्या हम यह नहीं मान सकते कि आत्मा के क्षेत्र में भी आश्चर्य घट सकते हैं ।

क्या आत्मा भी उसी नियम से नियंत्रित नहीं होती जो भौतिक जगत की परिघटनाओं पर लागू होता है?

इन नियमों को पूरे तौर पर न समझ पाने का मतलब यह नहीं है कि इन नियमों का अस्तित्व ही नहीं है । आध्यात्मिक उपचार सदा ही कारगार नहीं होता लेकिन वह बेमानी भी नहीं है और आदमी को सदा यह उम्मीद बनी रहती है कि भगवान उस पर जरूर कृपा करेंगे ।

आस्था और प्रार्थना मिलकर मनुष्य को सबसे बड़ी शक्ति प्रदान करते हैं । रीडर्स डाइजेस्ट में भी एलिस, मिलर डेविस और एडवर्ड एस. जैली जूनियर की यह मार्मिक कथा इस शक्ति का बेहतरीन उदाहरण प्रस्तुत करती है:

"न्यूयार्क शहर में कोई एक हजार यात्रियों को लेकर जा रही जर्सीसौर ट्रेन अचानक पटरियों से उतर गयी और पच्चीस फुट गहरे खड्डे में लटक गयी । ट्रेन के डिब्बे एक दूसरे के ऊपर चढ़ गये और एक अजीबो-गरीब शक्त में तब्दील हो गए । घायल यात्रियों में लोकस्ट

न्यूजर्सी का रहने वाला एक यात्री बॉब स्टाउट भी था । यह रोमांचक किस्सा उसी के बारे में है ।

न्यूजर्सी स्थित फर्स्ट मैथोडिस्ट चर्च के पास्टर रोजर जे. स्क्वायर के अनेक शिष्य भी उसी ट्रेन में सवार थे । वह घायलों के प्रति सहायता व सहानुभूति व्यक्त करने के लिए घर-घर गया । वह जब स्टाउट के घर पहुंचा तो मिल्ड्रेड स्टाउट बच्चे के पालने के पास बैठी थी ।

स्क्वायर ने बॉब और उसके परिवार के लिये प्रार्थना की । फिर वह अन्य लोगों के पास गया । मिल्ड्रेड ने थोड़ी राहत महसूस की । लम्बे, लाल बाल वाले बॉब को चर्च वाले बहुत पसंद करते थे ।

मां-बेटा दोनों चर्च के समूहगान में भाग लेते थे । मिल्ड्रेड को याद आया कि अगले रविवार को उसे एकल गायन करना है ।

रात के साढ़े बारह बजे तक वह बॉब को नहीं ढूंढ पाई । पर्थ एम्बाय जनरल अस्पताल में उसके बारे में यह सूचना लगी थी, "संभवतः सिर में चोट हे" और "दस बजे अन्तिम संस्कार । " किसी दयालु पादरी से जो बना, उसने कर दिया था ।

अगले दिन बॉब और गहरी बेहोशी में डूबने लगा । वह किसी भी प्रकार की प्रतिक्रिया नहीं कर रहा था । उसकी हालत इतनी संगीन थी कि एक्सरे करना सम्भव नहीं था । शक किया जा रहा था कि उसके मस्तिष्क में गहरी चोट आई है ।

मिल्ड्रेड उसके कमरे में बैठी लगातार प्रार्थना करती रही । बुधवार बीता और गुरुवार भी गुजर गया । नसों की हरेक क्षीण धड़कन, हरेक टूटती-सी सांस उसके लिये आखिरी साबित हो सकती थी । लेकिन बॉब अविश्वसनीय रूप से मृत्यु से संघर्ष करता रहा ।

शुक्रवार के दिन एक प्रसिद्ध न्यूरो सर्जन बुलाया गया । उसने रविवार की दोपहर एक ऑपरेशन करने की बात कही । उसने बिना किसी टालमटोल के राय रखी, "खतरा ज्यादा है और बचने की उम्मीद कम है ।"

रविवार की सुबह नर्स ने स्क्वायर को फोन किया, "स्टाउट की पत्नी हार नहीं मान रही । वह कहती है कि वह जिन्दा वापस आयेगा । वह इस बात की रट लगाये हुए है कि, "मैं भगवान पर भरोसा करती हूं ।"

जैसे ही पास्टर ने ग्यारह बजे की प्रार्थना शुरू की, उसकी नजर भजनों की सूची पर पड़ी जिसे कुछ दिन पहले तैयार किया गया था । उसमें लिखा था एकल गान "प्रभु पर भरोसा रखो"-श्रीमती रॉबर्ट स्टाउट । इसके बाद पास्टर ने जो किया, वह उसकी शक्ति से बाहर किसी देवीय शक्ति का ही काम हो सकता था । प्रार्थना को बीच में रोककर वह मंच से उतर गया और भक्तों के सम्मुख खड़ा हो गया ।

उसने कहा, "अब सवा ग्यारह बजे हैं । एम्बाय जनरल अस्पताल में भर्ती बॉब स्टाउट की हालत गम्भीर है । कुछ ही देर बाद उसका ऑपरेशन होगा । मुझे लगता है कि बॉब और मिल्ड्रेड को यह जानकर अच्छा लगेगा कि हम उनके लिए प्रार्थना कर रहे हैं ।"

उसने प्रत्येक भक्त से कहा कि वह बॉब का ध्यान करे और उसके लिये प्रेम व आस्था व्यक्त करे । फिर वह वेदी के समक्ष झुका और प्रार्थना की । भक्त समूह ने भी ऐसा ही किया ।

पृथ्वी पर बीमार लोगों का स्पर्श करते और उपचार करते ईसा की छवि मन में लाते हुए श्रीमान स्क्वायर ने प्रार्थना की, "ओ स्वामी! हम आपसे विनती करते हैं कि हमारे साथ एम्बाय अस्पताल के कमरा नं. 248 में चलें और रोगी की शैया के पास खड़े हो जाएं ।

हवा में एक असामान्य अनंत मौन भर गया ।

स्क्वायर अपने स्थान से उठा और प्रार्थना पूरी करने के लिये पुनः मंच पर आसीन हो गया । उसे भान हुआ कि प्रार्थना लंबी खिंच गई लेकिन जब उसने घड़ी की ओर देखा तो सिर्फ ग्यारह बजकर बीस मिनट हुए थे ।

प्रार्थना के बाद रोजर स्क्वायर अपने अध्ययन कक्ष में अकेले बैठे हुए थे कि फोन की घंटी बज उठी । उधर से मिल्ड्रेड की आवाज आई-आंसुओं से भीगी और भारी आवाज । उसने कहा, "चिकित्सा विज्ञान इस घटना की व्याख्या करने में असमर्थ है । उसकी नब्ज और सांस लगभग थम चुकी थी और तभी.. .उसने अपनी आंखें खोल दीं ।"

नर्सों को हिदायत दी गई थी कि बॉब की हालत में होने वाले हल्के से बदलाव की सूचना तुरन्त डॉक्टर को दी जाए । इसलिये जैसे की बॉब ने आंखें खोलीं, नर्स कमरे से बाहर दौड़ पड़ी । जब वह डॉक्टर के साथ वापस लौटी तो बॉब से अचेत हो गया था । उसे कुर्सी पर बैठाकर एक्सरे कक्ष में ले जाया गया।

वहां विशेषज्ञों ने बॉब की जांच की ।

"सच में ही मुझे पता नहीं था कि मैंने ऐसा क्यों किया"-डॉक्टर ने बाद में टिप्पणी की। जब डॉक्टर ने बॉब के कंधे में हौले से सुई चुभाई तो उसके मुंह से "आह" निकली। पिछले पांच दिनों में बॉब द्वारा बोला गया यह पहला शब्द था।

सर्जन ऑपरेशन टेबल से वापस मुड़ गया। उसने मिल्ड्रेड को खबर करवा दी कि ऑपरेशन का विचार त्याग दिया गया है। बॉब की नब्ज और श्वास गति में आश्चर्यजनक सुधार दिखाई दे रहा था। वह संकट से बाहर आ गया था और आघात का असर कम हो रहा था।

मिल्ड्रेड से बात करते हुए स्क्वायर के मस्तिष्क में अस्पताल का दृश्य उभर आया। वास्तव में हुआ क्या था? यह कौन बता सकता था? शायद यह एक चमत्कार ही था।

अपनी आवाज व्यवस्थित करते हुए पास्टर ने कहा, "बस एक बात बता दीजिए। क्या किसी को कुछ पता है कि जब बॉब ने आंखें खोलीं तो कितने बजे थे ?"

मिल्ड्रेड ने कहा, "हां, तब ग्यारह बजकर बीस मिनट हुए थे।"

स्क्वायर महोदय ने फोन नीचे रख दिया और श्रद्धा से सिर झुका लिया।

उत्साह और सक्रियता

कई बार किसी व्यक्ति को इतना व्यापक आध्यात्मिक अनुभव होता है कि वह बहुत जल्दी और नाटकीय ढंग से बदल जाता है । लेकिन, सामान्यतया सच्चरित्र और स्वास्थ्य प्राप्त करने के लिए हमें श्रमसाध्य अध्यास करना पड़ता है ।

उत्साह और सक्रियता सहज प्राप्त नहीं होते । चर्चिल के शब्दों में कहें तो इतने महत्त्व की चीजें "रक्त, स्वेद और आंसू के बिना नहीं मिलतीं । बरसों पुरानी गलत मानसिकता को बदलना मुश्किल होता है । कई बार किसी व्यक्ति को इतना व्यापक आध्यात्मिक अनुभव होता है कि वह बहुत जल्दी और नाटकीय ढंग से बदल जाता है । लेकिन, सामान्यतया सच्चरित्र और स्वास्थ्य प्राप्त करने के लिए हमें श्रमसाध्य अभ्यास करना पड़ता है ।

मेरे दोस्त मेल्विन जे. इवान्स ने मुझे स्फूर्ति हासिल करने का नायाब तरीका सुझाया । प्रबंधन इंजीनियरिंग, औद्योगिक संबंध और मार्केटिंग के विशेषज्ञ इवान्स स्वयं को "मानव इंजीनियर" कहलाना पसंद करते हैं । उद्योग के जरिए व्यक्तित्व पुनर्वास के क्षेत्र में उनका विशिष्ट योगदान रहा है ।

रोजमर्रा की व्यावसायिक गतिविधियों के अलावा इवान्स यहां-वहां भाषण देने और सम्मेलनों में भाग लेने के कारण बेहद व्यस्त रहते हैं ।

मैंने उनकी इस शारीरिक, मानसिक और आत्मिक प्रसन्नता तथा स्फूर्ति का राज पूछा । वे मानते हैं कि एक ऐसी दैनिक लय प्राप्त करना संभव है जो ऊर्जा उत्साह को जाग्रत करती हो । उन्होंने मुझे अपने हाल के एक कार्यक्रम के बारे में बताया "मैं पिछले दो दिनों से लगातार भाषणों और बैठकों में व्यस्त रहा हूं । मैं यहां आज रात हवाई जहाज से साढ़े सात बजे पहुंचा, कल सुबह आठ बजे मुझे फिर हवाई यात्रा पर निकलना है और उसके अगले तीन दिन तक मैं सुबह से लेकर देर रात तक व्यस्त रहूंगा । इतने व्यस्त कार्यक्रम के लिये मैं ऊर्जा और उत्साह इस तरीके से प्राप्त करता हूं ।

सबसे पहले हर सुबह शरीर को खींचते हुये गहरे और धीरे-धीरे सांस लो । ऐसा करते हुए प्रत्येक वाक्यांश के बाद ईश्वर का धन्यवाद करने के लिये थोड़ा रुको । यह बड़ा मजेदार

तरीका है । उदाहरण के लिए तेइसवीं प्रार्थना का पहला वाक्यांश है-ईश्वर मेरा नियंता है । यह कहकर ईश्वर का ध्यान करो कि उसने कैसे तुम्हारी देखभाल और रक्षा की है । अगला वाक्यांश है, मैं इच्छा नहीं करूंगा । इन शब्दों को दोहराने के बाद, कृतज्ञता के साथ यह स्मरण करो कि तुम भूखे और बेआसरा नहीं हो ।

जिस दिन मैंने इस तरीके के बारे में सुना, मैंने नित्य इसका अभ्यास किया है और इसे आश्चर्यजनक ढंग से कारगर और प्रेरक पाया है ।

तीसरे, ईश्वर की प्रार्थना का भी इसी तरह मनन करें और प्रत्येक वाक्यांश के बाद कृतज्ञता दिखाने के लिए थोड़ी देर के लिए रुके ।

चौथे, रेडियो चलाकर तेज संगीत सुनें और कुछ क्षणों के लिए नृत्य करें । इवान्स ने बताया कि पहले वे इस चीज को बताने में संकोच करते थे, लेकिन उन्हें पता चला कि चर्चिल भी ऐसा करते हैं । वह अपनी स्नान की वेशभूषा में थोड़ी देर के लिये हर सुबह थोड़ी उछलकूद करते हैं ।

पांचवें, दिन कई बार प्रार्थना के लिये दो-दो मिनट का समय निकालिये । इस बात में निहित महत्त्व को समझिए । इसका मतलब है कि आप प्रार्थना के लिये रोजाना लगभग आधे घंटे का समय निकालें । एक उल्लासपूर्ण ईश्वर के प्रति कृतज्ञता प्रकट करने की प्रार्थना । इस बात की तुलना अपने दैनिक कार्यक्रम से करें, जिसमें आप आधे घंटे के लिए नहीं बल्कि हर दिन कई घंटों तक निराशावादी विचारों से ग्रस्त रहते हैं । ये विचार आपके उत्साह को दीमक की तरह चाट जाते हैं । कृतज्ञता, उल्लास और आस्था से भरी ये छोटी-छोटी प्रार्थनाएं आपके ऊपर दवा की तरह असर करेंगी ।

छठे, जब भी व्यवधान पैदा हो तो छह बार गहरी सांस लें और एक त्वरित प्रार्थना करें ।

शरीर, मस्तिष्क और आत्मा के इस दैनिक श्रृंगार को आध्यात्मिक अध्ययन और ध्यान द्वारा और भी उत्तम बनाया जा सकता है । ऐसी पुस्तकें या पुस्तिकाएं पढ़ें जिनमें आध्यात्मिक अभ्यास को वैज्ञानिक रूप से समझाया गया हो । मैंने दो लघु पुस्तिकाएं लिखीं हैं, थॉट कंडीशनर्स और स्पिरिट लेफ्टर्स, जो इस दशा में सहायक हो सकती हैं ।

जैसे उड़ान भरने से पहले हवाई जहाज के इंजनों को दुरुस्त किया जाता है, वैसे ही मनुष्य को भी कोई ऐसी तरकीब ढूंढनी चाहिए । अगर आप जीवन में दूर तक जाना चाहते हैं तो शरीर में मीलों फैली रक्त धमनियां और तंत्रिकाएं आपका साथ देने के लिए हमेशा तैयार रहती हैं । पूरी ऊर्जा से काम करने के लिए मन और आत्मा के लगातार परिष्कार की जरूरत होती है ।

वर्षों के अस्वास्थ्यकारी चिंतन के मानसिक और भावनात्मक परिणामों पर विचार करने से आप सहज ही समझ सकते हैं कि आपके जीवन से स्फूर्ति और उत्साह क्यों गायब हो गए हैं ।

जीवंत और स्वस्थ महसूस करने के लिए हरेक दिन अपने समूचे अस्तित्व को आध्यात्मिक चिंतन, व्यायाम और स्वास्थ्य के नियमों से ऊर्जस्वित करें ।

घिसट-घिसट कर जीने का कोई मजा नहीं । प्रभु यीशू की बात पर अमल करने से लोगों का जीवन उल्लासपूर्ण और ऊर्जावान बन जाता है ।

जब आप यीशु की बताई राह से अलग चलते हैं तो आप अपनी सक्रियता और मूलभूत ऊर्जा को नष्ट कर देते हैं । गलत सोच और जीवन-चर्या व्यक्तित्व को इस सीमा तक हानि पहुंचाते हैं कि मानसिक दृष्टि से वह पूरे तौर पर नष्ट हो जाता है । यह आपकी जान भी ले सकता है ।

प्रसन्न कैसे रहें?

यदि आप खास ढंग से जीना चाहते है तो उसके बारे में लंबे समय तक सोचते रहें। यदि आप कायर हैं और साहसी बनना चाहते हैं तो साहसिक चीजों के बारे में सोचिए। इस तरीके से ही आप संतुलित व्यक्ति बन सकते हैं।

तो, जीवन में खुशी कैसे पैदा की जाए? प्रसन्न रहन के लिए आप स्वयं को कैसे प्रशिक्षित करेंगे? इस दिशा में पहला कदम बहुत सरल है-अच्छी चीजों के बारे में सोचना शुरू कीजिए। यह एक मनोवैज्ञानिक और आध्यात्मिक नियम है कि यदि आप खास ढंग से जीना चाहते हैं तो उसके बारे में लंबे समय तक सोचते रहें। यदि आप कायर हैं और साहसी बनना चाहते हैं तो साहसिक चीजों के बारे में सोचिए। इस तरीके से ही आप संतुलित व्यक्ति भी बन सकते हैं। इच्छित वस्तु के बारे में दृढ़तापूर्वक सोचते रहें और यह सोचकर काम करें कि आप जो बनना चाहते हैं, वैसा बन चुके हैं। इस बात का ईमानदारी और लगन के साथ पालन कीजिए। धीरे-धीरे आप इच्छित रूप में ढलना शुरू हो जाएंगे।

इसलिये हर सुबह उठने के बाद खुश रहने का अभ्यास शुरू करें और मन में आनंदपूर्ण विचार लाएं। जागने पर स्वयं से यह कहें, "आज का दिन अच्छा रहेगा, कल रात मुझे अच्छी नींद आई थी। मेरा सौभाग्य है कि मैं जिंदा हूं। पहले मैं बढ़िया नाश्ता लूंगा, फिर काम शुरू करने से पहले मैं अपने प्रियजनों के साथ मीठी-मीठी बातें करूंगा। सारे दिन मुझे इस बात का संतोष रहेगा कि मैंने भले लोगों की संगत की है, कुछ भला काम किया है और कुछ सार्थक सेवा की है।"

खिड़की से बाहर झांकें और सुबह की ताजगी को महसूस करें। अगर धूप नहीं निकली है और वर्षा की संभावना लगती है, तो सोचें कि बारिश कितनी आनंददायक होती है। दूसरे शब्दों में स्वयं को प्रसन्न करने की कोशिश करें। सोचने और बात करने से आप खुशी हासिल कर सकते हैं। आप वैसा बन सकते हैं जैसा सोचते और विश्वास करते हैं। किसी भी चीज के

बारे में प्रसन्नतापूर्वक सोचें और खुशी के साथ काम करें, और आप पाएंगे कि इस सोचने और बात करने की प्रक्रिया में ही आप एक खुशदिल आदमी बन गए हैं।

आपका दिमाग खुशी और समरसता की इच्छा में यह कहकर अटक सकता है कि ऐसी कोशिश करना मूर्खता है और यह कि "सोचने मात्र से चीजें हासिल नहीं हुआ करतीं।" लेकिन सोचने से चीजें जरूर मिलती हैं, बशर्ते सोचने के साथ-साथ गंभीर प्रयास और लगातार उचित रूप से वैज्ञानिक अभ्यास किया जाए। अगर आप खुद में सुधार लाना चाहते हैं तो दिमाग के द्वारा स्वयं नियंत्रित होने के बजाय उसे नियंत्रित करना सीखिए। यह शीघ्र ही आपकी बदली हुई सोच और कार्यप्रणाली के अनुरूप ढल जाएगा। इस तरह कालांतर में आप सोचने, विश्वास करने और तदनुरूप काम करने से खुशदिल आदमी बन जाएंगे और जीवन की रचनात्मक शक्तियों से सही तालमेल बिठा पाएंगे।

एक ऐसे व्यक्ति को यह तरकीब शुरूआत में कुछ मुश्किल प्रतीत हो सकती है जो लंबे समय से निराशावादी विचारों और नकारात्मक प्रवृत्तियों का शिकार रहा है। इस नए और रचनात्मक ढर्रे के अनुसार जीने के लिए मन को अनुशासित करना पड़ेगा लेकिन याद रखें कि अच्छी चीजें आसानी से नहीं दिल जातीं। इसे साधने के लिए आपको लगातार मेहनत करने की जरूरत है।

रोजाना के मजेदार अनुभवों को एक कागज पर दर्ज करने से आपको इस दिशा में सहायता मिलेगी। प्रतिदिन बढती इन अनुभवों की संख्या और विस्तार से आप हैरत में पड़ जाएंगे। हरेक दिन अपने अच्छे अनुभवों पर विधिवत् रूप से विचार कीजिए, उनसे पैदा हुई खुशी को फिर महसूस कीजिए और अपनी समूची चिंतन प्रक्रिया को उन आह्लाद पूर्ण अनुभवों में डुबो दीजिए। प्रसन्नता के बारे में सोचने से आपका मस्तिष्क तुरन्त ही आनन्द अनुभव करना शुरू कर देगा और एक बार स्वाद चखने के बाद और ज्यादा आह्लादकारी अनुभवों की इच्छा करने लगेगा। प्रसन्नता के ये उद्दीपन आपके अवचेतन में प्रवेश करके स्थायी खुशी का निर्माण कर देंगे।

शिकागो जा रही ट्रेन में मेरी मुलाकात एक व्यक्ति से हुई। वह इस बात का बेहतरीन उदाहरण है कि खुश रहने और मानसिक परिवर्तन के लिये विचारों को कैसे नियंत्रित किया जाता है। इस आदमी को मैं थोड़ा-बहुत जानता था। उस समय वह अत्यंत निराशावादी और नकारात्मक सोच का व्यक्ति था। उसकी नजर में हर चीज चाहे उसकी सेहत हो या देश की स्थिति सब कुछ खस्ताहाल थी।

उसने दुखी स्वर में कहा, "यह ट्रेन भी कितनी अजीब है । क्या आपने शाम के समय भोजन किया था, वह भी कितना खराब था । अब कोई भी अपना काम ढंग से नहीं करता । मैं एक भी कौर नहीं खा सका" (बाद में, उसके साथ भोजन करने वाले व्यक्ति ने बताया कि वह तो हर चीज चट कर गया था)

इसके बाद वह कुछ देर अपने परिचित लोगों की निंदा करता रहा । फिर उसने कहा, "हाल ही में मैंने एक अखबार में आपका लेख पढ़ा जिसमें आपने उत्साह और प्रसन्नता के साथ जीने की बात कही है । मैं आपसे यह जानना चाहता हूं कि क्या आप वाकई इन बातों में यकीन करते हैं, और क्या कोई आदमी आपके तरीके अपनाकर इस दुनिया में खुश रह सकता है ?"

मैंने कहा, "हां बिल्कुल रह सकता है, मैं खुद तुम्हारे सामने हूं ।"

उसने अचकचाकर पूछा, "पर कैसे ?" फिर उसने संदेहपूर्ण ढंग से यह बात और जोड़ी, "आप अपनी जिंदगी से काफी खुश नजर आते हैं ।"

मैंने कहा, खुश रहने के लिये रास्ता है - खुशी के बारे में सोचना, खुशी को और पक्का करना, खुशी में विश्वास करना, खुशी को व्यवहार में लाना और खुशी देना । उदाहरण के लिए जैसा कि तुमने कहा, "यह एक भयंकर गाड़ी है ।" इसके बजाय उत्साहपूर्वक यह कहो कि यह एक अद्भुत गाड़ी है, वास्तव में यह है । वास्तव में यह एक कलाकृति है, एक वैज्ञानिक प्रतिभा की उपज । इसके अतिरिक्त इसके साथ एक पराक्रम जुड़ा है । यह एक पहियों का शहर है, रात में तेज दौड़ता हुआ और जहां तक भोजन की बात है, वह बिल्कुल भी बुरा नहीं है । रोजाना के हालात, स्थितियों और परिस्थितियों के लिये अनुकूल और खुश रुझान की आदत बनाओ । बजाय असंतोष और उदासी के चिंतन के जैसा कि तुम कर रहे हो, अपने विचारों को खुशी की तरफ मोड़ो अपने दृष्टिकोण में एक तेज दिमागी बदलाव लाओ ।"

मैंने अनुभव किया कि यह व्यक्ति नकारात्मकता और उदासी को इतने लंबे समय तक व्यवहार में लाया कि वह इस तरह के रुझानों में दक्ष हो गया था, तो भी मैंने इस अध्याय में वर्णित खुशी उत्पन्न करने वाले सिद्धांतों और विधियों का महत्त्व उसे समझाया । प्रत्यक्ष रूप से मैं बहुत उत्साहित हुआ क्योंकि मैं वैसा महसूस करता था और मैंने उसके लिए उसके संभावित रूप की एक तस्वीर बना दी । मुझे लगा कि वास्तव में वह वही कह रहा था जो अनजाने में होना चाहता था ।

अक्सर वे लोग जो उदासी और अनमनेपन से बात करते हैं, विपरीत तरीके से वह प्रकट करते हैं जो वे होना चाहते हैं, अर्थात अपनी अभिव्यक्ति के ठीक विपरीत । कुछ भी हो, ऐसा

लगता था कि वह वास्तव में रुचि रखता था और उसने वायदा किया कि वह बताई गई सारी विधियों को परखेगा । प्रत्यक्ष रूप से ये नए विचार लगभग तुरन्त प्रकार होने आरंभ हो गए थे क्योंकि जब हम अगली सुबह शिकागो के ली सैल्ले स्ट्रीट पर आए तो मौसम धुंधला था और आकाश में घटाएं छाई थीं । जब मैंने गाड़ी छोड़ी, ठीक तभी कुली कह रहा था, "मुझे आशा है, आपकी रात अच्छी कटी होगी ।"

उसने जवाब दिया, "खेद है, इतनी अच्छी नहीं लेकिन उतनी बुरी भी नहीं जितनी कभी-कभी होती है ।" उसने चारों ओर मौसम को देखा और कहा, "आज दिन काफी उदास सा लगता है, क्या वास्तव में नहीं ?" इसके बाद उसने मुझे देखा उसका चेहरा बदल गया । एक झेंप-सी उसके चेहरे पर आर-पार हो गई । उसने मुझे डॉक्टर कहते हुए नमस्कार किया । वह कुछ झुंझलाया सा था किंतु वह प्रसन्नतापूर्वक बोला-"अनोखा दिन है, क्या विचार है ?" उसने आशावादी चिंतन और आशावादी दृढ़ता की शक्ति अनुभव करनी शुरू कर दी थी ।

और मैं जानता हूं कि उसने इसे व्यवहार में लाना जारी रखा । क्योंकि उसकी पत्नी ने मुझे उसके अपने आपको बदलने के सच्चे प्रयत्न के विषय में बतलाया । उसका नवचिंतन अब उसके पर्याप्त संशोधित रुझानों में झलकता था और इस सच्चाई में भी कि अब वह अधिक स्वस्थ महसूस करता था । उसकी पत्नी कहती थी-"अपने पति को देखकर मुझे प्रसन्नता होती है ।" वस्तुतः वह दर्पण के सामने खड़ा होता है और स्वीकार करता है कि वह सीधा खड़ा है । वह सोचता है कि वह सीधा है और उसे विश्वास है कि वह सीधा है। यह कुछ अजीब लगता है । किन्तु यह उपयोगी है क्योंकि अब जीवन उसके लिये पहले से अच्छा है ।

मैंने समझाया कि गाड़ी में उसके पति के साथ बातचीत में मैंने अपने मित्र एच. डेनफोर्थ का जिक्र किया था जो कि सेंट लुइस में एक बड़े उद्योग का कई वर्षों तक चेयरमैन रहा था । उसने एक किताब लिखी थी, जिसका नाम 'आई डेअर यू' था । यह उसके लड़कपन के अनुभव पर आधारित थी, जब वह अस्वस्थ चल रहा था । एक अध्यापक ने उसे कहा था, "मैं तुम्हें स्वस्थ बना सकता हूं" और उसे एक उपाय बताया जिसने उसे स्वस्थ होने में सहायता की। यह एक साधारण सी इस प्रकार की बात थी-सीधे खड़े होओ, ऊंची. बातें सोचो, खूब मुस्कराओ और लंबी उम्र जीओ । मि. डेनफोर्थ अपने आपको उन्नत स्वास्थ्य पर इस विश्वास ले गये थे कि वे एक बलवान और स्वस्थ व्यक्ति बन सकते हैं ।

मेरा यह सुझाव है कि तुम भी दिन के प्रारंभ होने से पहले एक गहरी सांस लो और कहो-मैं सीधा खड़ा हूं मैं ऊंचा सोचता हूं । मैं ऊंचाई में विश्वास करता हूं । यह मि. डेनफोर्थ से थोड़ा भिन्न है लेकिन इसकी स्वीकृति तुम्हारे शरीर को सीधा करेगी और तुम्हारे अंगों को

स्वाभाविक मुद्रा में ले आएगी । यह तुम्हारे दिमाग से अस्वस्थ विचारों की केंचुल उतार देगी और तुम्हारी आस्था को नया स्तर प्रदान करेगी ।

डॉक्टर जॉन सी. बर्टन ने अमेरिकी ओस्टियोपेथिक एसोसिएशन को संबोधित करते हुए एक बड़े पते की बात कही, "हम नाश्ते के समय बैठते हैं, काम पर जाते हुए हम ट्रेन में बैठे रहते हैं । हम भोजन के समय बैठते हैं । दोपहर का समय भी हम बैठकर गुजारते हैं । इस निकम्मेपन ने ज्यादातर लोगों को आलसी बना दिया है, उन्हें कमर और पेट के रोग हो गए हैं । बीमारियों से बचने के लिए जरूरी है कि आप सीधे खड़े रहने का अभ्यास कीजिए ।

इस तकनीक को आजमाने पर आप खुद को ज्यादा सेहतमंद महसूस करेंगे । मस्तिष्क और आत्मा को सामान्य स्तर से उच्च स्तर पर ले जाने के अभ्यास से अत्यंत ऊर्जा प्राप्त होती है । इससे शरीर का ढीलापन, दिमागी सुस्ती दूर होते हैं और रोजमर्रा के दबावों को झेलने में आत्मा ज्यादा समर्थ बनती है ।

जैसा मैं पहले कह चुका हूं कि जिस तरह अन्य सभी प्रकार के आध्यात्मिक परिष्कार के लिए अभ्यास की दरकार होती है, वैसे ही अंदरूनी खुशी और सक्रिय समरसता के लिए भी यह बेहद जरूरी चीज है । बिना अभ्यास के आप किसी भी चीज में पारंगत नहीं हो सकते । ये तरीके बहुत सारे लोगों के लिए लाभदायक साबित हुए हैं । इस आधार में आपको यकीन दिलाता हूं कि प्रसन्नचित्त रहने के अभ्यास से आपके जीवन में भारी सुधार आएगा ।

एक बार हवाई अड्डे पर एक युवती मुझसे टकराई । उसने अवांछित दखलंदाजी के लिए क्षमा मांगते हुए कहा कि मैं आपसे एक सवाल पूछना चाहती हूं । उसने कहा, "क्या आपको लगता है कि जिस आदमी ने अपनी जिंदगी तबाह कर ली हो उसे दोबारा खुशी मिल सकती है ?" यह कहते हुए उसकी आंखें भर आईं ।

जाहिर था कि उसके सवाल पर गंभीरता से विचार करने की जरूरत थी लेकिन मेरा जहाज उड़ने ही वाला था । इसलिए मैंने कागज के एक टुकड़े पर एक वाक्य लिखकर उसे थमा दिया और कहा कि इस इलाज को आजमाकर देखना और मुझे खबर करना कि इसका क्या असर रहा । मैंने जो वाक्य लिखकर दिया था, वह बाइबिल से उद्धृत था, "अगर तुम्हें इन चीजों का भान है तो इनके करने से तुम्हें खुशी मिलेगी" (जॉन 13: 17) ।

कुछ महीनों बाद मैं एक जगह प्रवचन कर रहा था, जैसे ही व्याख्यान खत्म हुआ, एक स्त्री मेरे पास आई और कहने लगी, "क्या आपको याद आता है कि कुछ दिन पहले एक महिला आपसे हवाई अड्डे पर मिली थी और आपने उसे एक कागज पर बाइबिल का एक वाक्य

लिखकर दिया था? मैं ही वह महिला हूं । मैं उस वाक्य से इतना प्रभावित हुई थी कि उसे बार-बार पड़ती रहती थी, "यदि तुम्हें इन चीजों का भान हो" और मैं खुद से सवाल करती थी । "किन चीजों का ?" मैंने न्यू टेस्टामेंट के पन्ने पलटने शुरू किए और अंततः उस वाक्य तक पहुंच गई । उसे पढ़कर मुझे अहसास हुआ कि इस बात का क्या अर्थ है । मुझे अब पता चला कि मैं क्यों दुखी रहती थी । मैं डर और नफरत के कारण दुखी रहती थी । मैं अपनी हरकतों पर शर्मिन्दा थी ।"

उसने कहा कि उस एक वाक्य ने मेरी दुनिया बदलकर रख दी ।

आजकल नीरसता अनेक लोगों के लिए समस्या बन गई है । हाल ही में एक स्कूली अखबार की युवा संपादक ने मेरा इंटरव्यू लिया । उसने कहा, "मैं आपसे एक ऐसा सवाल पूछना चाहती हूं जिसमें हम सभी की रुचि है । सवाल यह है कि हम खुश कैसे रहें ?"

मैंने कहा, "जरा स्पष्ट कहिए । क्या आप हाईस्कूल के बच्चों का सबसे बड़ा सवाल यह है कि खुश कैसे रहा जाए ?"

उसने कहा, "हां, आपने ठीक कहा डा. साहब । हम जीवन में कुछ उलझ से गए हैं और यही चाहते हैं कि किसी तरह खुशी मिल जाए ।"

मैंने उस लड़की के सामने भी वही वाक्य दोहरा दिया "अगर तुम्हें इन चीजों का भान है तो इनको करने से तुम्हें खुशी मिलेगी ।" वास्तव में हर आदमी को इस बात का पता होता है कि जीवन को सरस बनाने के लिये क्या किया जाए । वह क्या है? लोगों से घृणा करना छोड़कर उन्हें प्यार करें, चिढ़ने के बजाय उन्हें पसंद करना शुरू करें, गलत काम करना और डरना छोड़ दें । आत्मग्रस्तता से मुक्त होकर दूसरे लोगों की भलाई के लिए कार्य करना शुरू करें । हर व्यक्ति को पता होता है कि खुश रहने के लिये क्या किया जाए । लेकिन सारी बातों का सार इन शब्दों में निहित है, अगर तुम्हें इन चीजों का भान है तो इनको करने से तुम्हें खुशी मिलेगी ।

यह देखकर आश्चर्य होता है और दुख भी कि कितने लोग जीवन में आंतरिक गड़बड़ी का शिकार होते हैं । वे उदास रहे चले जाते हैं और संघर्ष करते रहते हैं । जरा सोचिए उदासी के साथ जीना भी क्या जीना है? आप क्या सुबह उठकर जोश के साथ काम में लगते हैं? क्या आप सारा दिन अच्छी तरह गुजारते हैं? अगर ऐसा नहीं है तो क्या आप जानना चाहेंगे कि खुश कैसे रहें और मजे के साथ कैसे जिएं । इस प्रश्न का उत्तर बेहद व्यावहारिक, आध्यात्मिक

और मनोवैज्ञानिक है, जिसे इस पुस्तक और इसी प्रकार की अन्य पुस्तकों में ढूंढा जा सकता है ।

खुश रहने का एक दूसरा तरीका भी है-आप लोगों में जितनी खुशी बांटेंगे आपको उतनी ही खुशी मिलेगी । यह एक नियम है कि आप जितना देते हैं, आपको उतना ही मिलता है । बांटने से खुशी बढ़ती है और न बांटने से घटती है । सच तो यह है कि अगर आप दूसरों को खुशी नहीं देना जानते तो खुशी एक दिन आपको छोड़कर चली जाएगी । दूसरों को खुश देखने से आपका अपनी खुशी का भंडार इतना बढ़ता है कि आप उसकी कल्पना भी नहीं कर सकते ।

पिछले दिनों मैंने एक पत्रिका में टेलीविजन की एक लोकप्रिय कलाकार के बारे में मजेदार किस्सा पड़ा । मैं उस कलाकार को बरसों से जानता हूं । मुझे उसके कैरियर के शुरूआती दिन याद आते हैं । उस समय वह बहुत दुखी और निराश रहा करती थी । उन दिनों वह सफल नहीं हो पा रही थी, निराशापूर्ण सोच के चलते उसका व्यक्तित्व बुझा-बुझा सा रहता था । बाद में उसने चर्च जाना शुरू कर दिया, जहां उसकी मुलाकात ऐसे उत्साही लोगों से हुई जिनके जीवन में कायापलट हुआ था । उसने उन लोगों में जैसी गर्मजोशी देखी वह उसे पाना चाहती थी । उन लोगों की सहायता से वह अध्यात्म की ओर सक्रिय हुई । उसका यह अनुभव इतना संपूर्ण और व्यापक था कि वह हर किसी को उसके बारे में बताने लगी । उसे बहुत गहरी खुशी मिल गई थी और वह इतनी विह्वल हो गई थी कि इसे बांटना चाहती थी ।

उसे जब भी मौका मिलता, इस खुशी को बांटने से नहीं चूकती । वह अपना काम इस उत्साह से करने लगी कि उसमें विशेष प्रभाव और आकर्षण पैदा होने लगा । यह अचरज की बात है कि दिन-ब-दिन बढ़ती कामयाबी के साथ-साथ उसकी सरसता भी बढ़ती रही । वह एक सच्ची खुशी की वाहक बन गई । उसमें एक ऐसा चुंबकीय प्रभाव पैदा हो गया, जिसके कारण लोग उसकी ओर खिंचे चले आते थे और उसके कार्यक्रमों को बड़े चाव से देखते थे । इसका स्वाभाविक परिणाम यह हुआ कि उसकी कीमत भी बढ़ने लगी । उसने उदारतापूर्वक अपनी खुशी को लोगों के साथ बांटा ।

किसी भी काम की सफलता के लिये या एक सफल व्यक्ति बनने के लिए खुशदिल और तत्पर बनना सीखें । स्वयं को उल्लास की शक्ति से लैस करें । मेरे कहने का अर्थ यह नहीं है कि खुशी पाने के तरीकों का मकसद सफलता प्राप्त करना ही है । लेकिन निश्चय ही हर व्यक्ति अपने जीवन में ज्यादा से ज्यादा सफलता पाना चाहता है और यह बात बार-बार सिद्ध हो चुकी है कि खुशी आदमी के व्यक्तित्व को अनूठा निखार देती है, जिससे नई रचनात्मक

क्षमताएं सक्रिय हो उठती हैं । नकारात्मक जीवन दृष्टि और निराशाजनक विचार व्यक्तित्व को कुंठित कर देते हैं । हर वक्त अपने बारे में सोचते रहने से व्यक्तित्व सिकुड़ जाता है और उसकी शक्ति नष्ट हो जाती है । व्यक्ति इतना भयग्रस्त और दुविधाग्रस्त हो जाता है कि उसकी सारी शक्ति और दक्षता जाती रहती है । सच तो यह है कि ऐसा व्यक्ति अव्यवस्थित होता है और स्वाभाविक रूप से अक्षम हो जाता है ।

इस दुरावस्था का सबसे सही और अचूक इलाज सहायता के लिए प्रार्थना करना, विजयभाव से जीने के लिए बाइबिल का अध्ययन करना, आध्यात्मिक संगत और मार्गदर्शन के लिए चर्च जाना तथा प्रभु को सर्वस्व मानना है । इससे आपके व्यक्तित्व में नया निखार पैदा होगा । यह मजबूत होकर उभरेगा और इसका सही दिशा में विकास होगा । प्रभु यीशु लोगों के अंतःकरण को व्यवस्थित करता है । ऐसा करने में वही एकमात्र सक्षम कारक है । सामान्य भाषा में कहें तो व्यवस्थित रहने में ही आपका समाधान निहित है लेकिन व्यवस्था बनाने का काम प्रभु पर छोड़ दें ।

मैं हवाई जहाज के टायलेट में था । जैसा कि आप जानते हैं कि जहाज के अंदर के स्थान काफी तंग होते हैं । अंदर आने के लिए एक व्यक्ति लगातार दरवाजा खटखटा रहा था । मैंने कहा कि क्या आप एक मिनट इंतजार कर सकते हैं? उसने मुझे बीच में ही टोकते हुए कहा कि उसे टायलेट में कोई काम नहीं हे ।

उसने आगे कहा, "मैं आपसे बात करना चाहता हूं । मैंने आपको इधर आते देखा तो सोचा कि आपसे बात करने का यह अच्छा मौका है ।"

उस छोटी सी जगह में मैं एक दीवार के सहारे खड़ा हो गया और वह दूसरी के । मैंने उससे पूछा, "तुम्हारे मन में क्या है बताओ ?"

उसने कहा, "मैं बहुत दुखी हूं । मुझे हर चीज से चिड़ हो गई है । मैं बहुत बुरे वक्त से गुजरा हूं । मुझे अपने आप से भी चिड़ हो गई है । इसके अलावा वे लोग मुझे भारी-भरकम जिम्मेदारियां सौंप देते हैं जिससे मेरी परेशानी और बढ़ जाती है ।"

मैंने उससे पूछा, "तुम क्या काम करते हो ?"

उसने बड़ी हिकारत के साथ कहा, "मैं एक मामूली सा सेल्समैन हूं । लेकिन आजकल कंपनी मुझे अपने अन्य सेल्समैनों की हौसला अफजाही के लिए यहां से वहां भेजती रहती है । क्या यह मेरे साथ मजाक नहीं है ?" यह कहकर वह बड़े विद्रूप ढंग से हंसा, "मुझमें यह काम करने

की योग्यता नहीं है । जरा सोचिए, मुझे कॉलिज के छात्रों से बात करनी पड़ती है जबकि मैं खुद हाई स्कूल से आगे नहीं पढ़ा । पता नहीं क्यों कंपनी वालों ने यह काम सौंपकर मुझे फजीहत में डाल दिया ?"

उसकी बातों से यह साफ जाहिर हो रहा था कि वह हीन-भावना का शिकार है । मैंने उसकी रोनी सूरत की ओर देखा और उसे सुझाव देते हुए कहा, "क्या आपको सीधे खड़े होने में परेशानी होती है ?"

यह सुनकर वह कुछ चकित सा हुआ । मैंने कहा, "आप जिस ढंग से उठते या बैठते हैं, उसका मनोभावों पर प्रभाव पड़ता है । यदि आप सीधे खड़े रहने का अभ्यास करें तो बहुत संभव है कि तुम्हारा नजरिया भी दुरुस्त हो जाए ।"

वह दीवार के साथ तनकर सीधा खड़ा हो गया और बोला, "अब मुझे थोड़ा अच्छा महसूस हो रहा है ।"

मैंने कहा, "हां तुम्हें निश्चित ही अच्छा लगेगा । मुझे उम्मीद है कि तुम सीधे खड़े होने का अभ्यास जारी रखोगे ।" इसके साथ ही मैंने उससे कहा कि सदा ऊंची चीजों के बारे में सोचो और यह बात सदा याद रखो कि काम को कभी घटिया मत मानो । तुमने यह क्यों कहा कि मैं तो बस एक मामूली सेल्समैन हूं। इसके बजाय तुम्हें हर दिन गर्व के साथ यह कहना चाहिए मैं एक नामी व्यवसाय से जुड़ा हुआ हूं । मैं सेल्समैन हूं । यह मेरा सौभाग्य है कि मैं एक ईमानदार निर्माता द्वारा बनाई गई चीजों को लोगों तक पहुंचाता हूं । इसके अलावा खुद से यह बात भी कहो-मैं एक महान जाति के लोगों का वंशज हूं । मैं अमरीकी अर्थव्यवस्था और स्वतंत्र संस्कृति का संरक्षक हूं । कभी भी यह कहकर अपना मन और काम छोटा मत करो कि मैं मामूली सेल्समैन हूं।

इसके बाद मैंने कहा, "मुझे अफसोस है कि तुम ऐसे मूर्ख लोगों की कंपनी में काम करते हो।"

उसने मुझे सवालिया निगाह से देखा और कहा, "किसने कहा कि वे लोग मूर्ख हैं।"

मैंने जोर देकर कहा, "तुम्हारे जैसे आदमी को माल बेचने के काम में लगाने से तो यही साबित होता है ।" इस बात से वह थोड़ा चिड़ गया और बोला, "कंपनी के मालिक कभी कोई गलती नहीं करते । वे इस व्यवसाय के सबसे तेजतर्रार लोगों में से हैं ।"

मैंने कहा, "अच्छा, अगर वे इतने ही होशियार लोग हैं जितना कि तुम बता रहे हो, तो सेल्समैन के रूप में तुम्हारा चुनाव करके उन्होंने ठीक ही किया है। भले ही तुम बहुत पढ़े-लिखे नहीं हो, लेकिन कंपनी को इस चीज का पता है कि तुम अपने दिमाग का इस्तेमाल करते हो, अपना काम पूरी लगन से करते हो और कंपनी के उत्पाद को अच्छा मानते हो। कंपनी को पता है तुममें ऐसे गुण हैं कि तुम दूसरे लोगों का उत्साह बढ़ा सकते हो। व्यावहारिक होने के कारण कंपनी के लोग अपने कर्मचारी की परख करने में कोई गलती नहीं करते। उन्हें पूरा यकीन रहता है कि तुम दिया हुआ काम अच्छे ढंग से करते हो। इस बात से तो तुम्हें खुश होना चाहिए, और काम करने के लिए खुश रहना जरूरी होता है। सेल्समैनों का उत्सावर्धन करके तुम कंपनी की प्रगति में योगदान दे सकते हो। अच्छा, अब तुम कब अपने उत्पादों के प्रचार के लिए निकलोगे?"

उसने जवाब दिया, "आज ही दोपहर बाद।"

मैंने कहा, "बहुत अच्छा आइए, अब इसके बारे में प्रार्थना करें और ईश्वर को धन्यवाद दें कि तुम्हारे व्यवहार के कारण सेल्समैन तुमसे खुश रहते हैं और अच्छे ढंग से काम करते हैं। ईश्वर का इसलिए भी धन्यवाद करें कि तुम सेल्समैनों को ज्यादा दक्ष बनाने के लिए उनका मार्गदर्शन कर सकते हो।"

इस तरह, जमीन से सोलह हजार फीट ऊपर हवाई जहाज के उस छोटे से टॉयलेट में हमने प्रार्थना की तथा ईश्वर और मानव सेवा के प्रति समर्पित होने का संकल्प लिया। अपने दौरे से लौटकर उस व्यक्ति ने मुझे फोन किया, "आपसे उस दिन की मुलाकात मेरे लिए कमाल की साबित हुई है। मैं तभी से बहुत अच्छा महसूस कर रहा हूं। आपको पता है उस रोज हवाई जहाज में मेरे साथ क्या घटा? बस यों समझो ईश्वर ने मेरा स्वयं से साक्षात्कार करा दिया।"

आस्था और आनंद पर आधारित एक नई विचार प्रक्रिया के द्वारा उस व्यक्ति ने स्वयं को आंतरिक रूप से पुनः व्यवस्थित कर लिया।

मैं कुछ ऐसे लोगों को जानता हूं जिन्होंने अपनी खुशी में दूसरों को शामिल करने के सिद्धान्त का पालन करके जीवन में विशिष्ट उपलब्धियां अर्जित कीं। उदाहरण के लिए एक दोस्त का किस्सा सुनिए जिससे मेरी मुलाकात एक सुबह न्यूयार्क के सैंट्रल स्टेशन पर हुई। उस ट्रेन में बैठे लोगों में ज्यादातर व्यवसायी किस्म के लोग थे। औरतों ने महंगे कपड़े पहन रखे थे। बाहर से सभी संपन्न दिख रहे थे लेकिन उनके चेहरों पर उदासी और उलझन के भाव साफ दिखते थे। जैसे ही मैं ट्रेन से उतरा, मुझे वह आदमी दिखाई दिया। उसके चेहरे पर सच्ची खुशी

झलक रही थी । वह उन व्यवसाइयों जितना समृद्ध नहीं था, लेकिन वह निस्संदेह उन तथाकथित बड़े लोगों से कहीं बड़ा आदमी था । वह ट्रकों पर सामान लाद रहा था । यही उसकी रोजी-रोटी का जरिया था । उसका नाम है राल्सटन यंग । हम दोनों एक-दूसरे से प्रसन्न भाव से मिले । जैसा कि मेरे साथ अक्सर होता है, मैं उससे प्रभावित हुए बिना न रह सका । स्टेशन से बाहर आते हुए मैं सोचता रहा कि राल्सटन अब भी क्यों सामान ढोता है, जबकि उसे ज्यादा पैसेवाला काम मिल सकता है । मैंने इस बात का जिक्र एक दूसरे दोस्त से किया, जो राल्सटन को जानता है । दोस्त ने इसके जवाब में कहा, "वह यह मानता है कि लोगों से खुशी और आध्यात्मिक भावनाएं बांटने के लिए सैंट्रल स्टेशन सबसे सही जगह है" फिर उसने मुझे एक आदमी के बारे में बताया कि एक रात वह नशे की हालत में रेलवे स्टेशन पहुंचा और राल्सटन से जा टकराया । उसने राल्सटन से पूछा, "क्या आप कोई ऐसी जगह बता सकते हैं जहां से मैं अपनी छोटी बिटिया के लिए उपहार खरीद सकूं? उसकी उम्र ग्यारह साल है, मैं उसके लिए कुछ खरीदना चाहता हूं ।"

अब राल्सटन ने सवाल किया, "आज उसे उपहार क्यों देना चाहते हैं ?"

शराबी ने तमतमाकर पूछा, "आपका इस बात से क्या मतलब है ?"

राल्सटन ने बहुत कोमल स्वर में कहा, "क्या मैं आपको ऐसा उपहार बताऊं जिसे पाकर वह वास्तव में खुश हो जाए ।"

उस आदमी ने तेजी से कहा, "हां जरूर बताएं ।"

"हो सके तो उसे एक शालीन पिता दे दीजिए । उसे पाकर वह बेहद खुश होगी क्योंकि वह अपने पिता से बहुत प्यार करती है और उसे पाकर वह निहाल हो जाएगी ।" राल्सटन ने सहज उत्तर दिया ।

शराबी ने आग बबूला होते हुए कहा, "तुम्हारा क्या मतलब है, मुझे भाषण दे रहे हो ?"

राल्सटन ने कहा, "नहीं, मैं भाषण नहीं दे रहा हूं । मैं बस तुम्हारी बिटिया के बारे में सोच रहा हूं । तुम एक अच्छे पिता क्यों नहीं बन पाते ।"

बच्ची के लिए उपहार खरीदने से ट्रेन पकड़ने तक वह शराबी राल्सटन को भला-बुरा कहता रहा ।

कुछ दिन बाद वह आदमी पुन: स्टेशन आया और उसने राल्सटन को ढूंढ निकाला । उसने राल्सटन से कहा, "तुम्हारी बात मुझे अभी तक याद है । लेकिन मैं यह जानना चाहता हूं कि तुमने मुझसे अच्छा आदमी बनने की बात क्यों की ?"

राल्सटन ने उत्तर दिया, "असल में मैं तुम्हें देखकर ही यह जान गया था कि तुम खुशदिल आदमी नहीं हो लेकिन तुम्हारे अन्दर वैसा बनने की इच्छा मौजूद है ।" इसके बाद राल्सटन ने वास्तव में उस आदमी पर अपना जादू साधना शुरू कर दिया और उसे अपने आंतरिक उल्लास का भागीदार बना लिया । क्या राल्सटन का खुशदिल इंसान होना कोई अजूबी चीज है? उसने स्टेशन पर, जहां वह काम करता है और उसके बाहर लोगों के बीच इतनी खुशी लुटाई है कि हरेक दिन, हर कहीं से उल्लास की लहरें उसके कदम चूमती रहती हैं । इसलिए अपनी नौकरी, सेहत, दिमाग और परिवार के वास्ते खुश रहना सीखें, और खुशी आपको खुशी के बारे में सोचने, उसके लिए कोशिश करने और उसे बांटने से मिलती है ।

खुश रहने का एक दूसरा तरीका यह है कि अपने मस्तिष्क को उल्लास से भर लें । यीशु के अनुसार, "मैंने तुमसे जो शब्द कहे हैं, वे आत्मा और जीवन के पर्याय हैं (जान 6:63) ।" इस बात का मतलब यह है कि आप जब भी ईसा के शब्दों पर नजर डालें तो उन पर चिंतन करें और उन्हें अपने जाग्रत तथा अवचेतन मन में बैठाए रखें-जब तक कि वे आपके विचारों में घुल न जाएं । ऐसा करने से आपको सच्चे उत्साह, सक्रियता और उल्लास का अनुभव होगा । तुम्हारा मन कभी डूबेगा नहीं । दूसरों के साथ भावनाएं जोड़ने की इस प्रक्रिया के द्वारा आपके व्यक्तित्व में ईश्वरीय शक्ति का उदय होगा । इसका आपके संपूर्ण जीवन पर बेहद सकारात्मक प्रभाव पड़ेगा ।

खुश रहने वाले लोगों की संख्या में इधर खासी वृद्धि हुई है । यह हमारे समय की आध्यात्मिक क्रांति का परिणाम है । इसका एक अन्य कारण आध्यात्मिक तकनीकों के क्षेत्र में हुई प्रगति भी है, जिसका आजकल लोग खुलकर इस्तेमाल कर रहे हैं । मैं आजकल ऐसे लोगों की सूची बना रहा हूं जो सदा खुश रहते हैं । और यह चौंकने की बात नहीं है कि ऐसे लोग हर जगह मौजूद हैं । मुझे उन लोगों से खुशी मिली है और अब इसके जरिए मैं वह खुशी और उसे पाने के तरीके पाठकों तक पहुंचाना चाहता हूं ।

फ्लोरिडा में रहते हुए मुझे एक विद्यार्थी का पत्र मिला । उसने कहीं सुना था कि मैं उसके शहर में आया हूं । उसके पत्र में लिखा था:

प्रिय डा. मार्डन,

मेरी दादी उसी शहर (फ्लोरिडा) में रहती है, जहां इन दिनों आप ठहरे हुए हैं । मैं कई सालों से पैसे जोड़ रहा हूं ताकि उसके लिए न्यूयार्क का टिकट खरीद सकूं । वह कहा करती है कि अगर एक बार गार्बल कॉलिजिएट चर्च में प्रार्थना कर लूं तो जीवन सफल हो जाए ।

वह बरसों से मेरा हौसला बढ़ाती आई है और उसने मुझे यह सिखाया है कि ईश्वर के यहां कुछ भी असंभव नहीं है । उसके सात बच्चे थे, जिनकी शिक्षा-दीक्षा उसने स्वयं की । उसने दो पौत्रों का लालन-पालन भी किया और उन्हें शिक्षित बनाया । उसने मेरी तथा मेरी बहन की भी देख-रेख की । परिवार की खातिर मैंने उन्हें खुद खाली पेट सोते देखा है ।

उसका जीवन जद्दोजहद से इतना भरा हुआ रहा है कि उस पर एक पुस्तक लिखी जानी चाहिए । मैं ईश्वर से प्रार्थना करता हूं कि वह मुझे इस पुस्तक को लिखने की सामर्थ्य दे । वास्तव में वह दो पैरों वाली फरिश्ता है । जब वह हंसती है तो संगीत बरसने लगता है ।

प्रसंगवश बता दूं कि हम नीग्रो हैं ।

धन्यवाद, ईश्वर सदा आप पर कृपा बनाए रखे ।

-आपका हितैषी

पत्र मिलने के कुछ समय बाद मैं उस छात्र की दादी से मिलने गया और जैसा उसने कहा था, उसकी दादी वास्तव में एक अद्भुत महिला थी । उसका चेहरा एक आंतरिक प्रकाश से अलौकिक हो रहा था, जो एक प्रसन्नचित्त व्यक्ति की विशेषता होती है ।

जब मैं उस गंदी सड़क से चलकर उसके छोटे से घर में पहुंचा तो वहां कोई नहीं था । मैं जैसे ही वापस मुड़ने को हुआ मुझे सड़क पर एक वृद्ध महिला आती दिखाई दी । उसने बांह पर एक टोकरी लटका रखी थी । वह बहुत कोमल स्वर में कुछ गुनगुना रही थी । मुझे अहसास हुआ कि यह वही महिला है जिससे मिलने के लिए मैं यहां आया हूं । जैसे ही वह नजदीक आई मैंने पूछा, "क्या आप श्रीमती...?"

उसने, बात पूरी करते हुए कहा, "हां, मैं वहीं हूं आप क्या चाहते हैं ?"

मैंने कहा, "मैं बस आपसे मिलने चला आया ।"

फिर भी उसने जानना चाहा, "यह आपने बहुत अच्छा किया, फिर भी मुझसे मिलने के पीछे आपका क्या मकसद है ?"

मैंने कहा, "मुझे आपके बारे में आपके पोते ने ही बताया था । उसने कहा था कि आप इंसान के वेश में फरिश्ता हैं और मैं इस फरिश्ते से मिलना चाहता था ।"

119 आत्मविश्वास की पूंजी

वह थोड़ा सहज हुई और मुक्तभाव से मुस्कराने लगी ।

उसने कहा, "अरे नहीं, भगवान के लिये मुझे फरिश्ता मत कहो ।"

मैंने उससे कहा, "तुम्हारे पोते के शब्दों में तुम्हारी हंसी संगीत की तरह प्रभावित करती है।"

यह सुनकर वह सच में हंस पड़ी और मुझे लगा कि उसके पोते की बात एकदम सही है । वह हंसी तो संगीत-सा बरसने लगा ।

वह बोली, "उस लड़के को ऐसी बातें नहीं करनी चाहिए ।" हालांकि यह साफ था कि प्रशंसा सुनकर उसे प्रसन्नता हो रही थी ।

मैं उसके साथ घर के अंदर गया और उन सारे बच्चों की तस्वीरें देखीं जिन्हें उसने पढ़ाया था । मैंने इस बात के लिए उसे मुबारकबाद दी और कहा कि उसका जीवन कितना सार्थक है ।

ये बातें सुनकर उस बूढ़ी स्त्री ने कहा, "नहीं जीवन क्या सार्थक है । बात सिर्फ इतनी सी है कि मैं उन्हें प्यार करती हूं ।" उसकी यह बात सुनकर मेरे हृदय में उसके प्रति स्नेह उमड़ आया ।

इसी बीच फोन की घंटी घनघना उठी । मुझे फोन पर उसकी बात सुनाई पड़ी । वह किसी से कह रही थी, "चिंता मत करो । दोपहर बाद मुझे फुर्सत हो जाएगी और तुम्हारी मदद जरूर करूंगी ।"

फोन रखते हुए उसने कहा, "बेचारी अभागी गोरी औरत । वह बड़ी मुश्किलों से गुजर रही है । दोपहर बाद मुझे उससे मिलने जाना होगा । उसे सांत्वना की बहुत जरूरत है ।"

मुझे उसका यह अंदाज बहुत अच्छा लगा । उसने कहा, "जिन लोगों में आस्था नहीं होती उन्हें सांत्वना की जरूरत पड़ती है ।"

मैंने कहा अमीर होने के बावजूद उसे सांत्वना क्यों चाहिए-तो उसने जवाब दिया, "महाशय, वह अमीर कहां है, बहुत गरीब है । अंदरूनी अमीरी के बिना लोग अमीर नहीं हो जाते ।" यह कहकर वह बहुत सौम्य ढंग से मुस्कराई और मुझे लगा कि ऐसी मुस्कान वही आदमी दे सकता है जो बुद्धिमान तो हो ही, अंदर से सचमुच अमीर भी हो ।

मेरी याद में वह सर्वाधिक प्रेरक स्त्री है, जिससे मैं आज तक मिला हूं । मैं उससे यह पूछे बिना न रह सका, "तुमने यह खुशी कहां से और कैसे पाई है ?"

उसने मुस्कराते हुए कहा, "मैं हर किसी के प्रति प्रेम भाव रखती हूं । खुशी पाने के लिए मैंने कोई खास जतन नहीं किया । मैं लोगों से प्यार करती हूं और मुझे इसी बात में खुशी मिलती है।"

उसके हाव-भाव से साफ दिखता था कि वह एक सच्ची बात कह रही है । उसने आगे कहा, " लेकिन मेरी खुशी का असल कारण यह है कि मैं हर समय प्रभु का स्मरण करती रहती हूं । और यीशु का स्मरण करने से सारे संकट दूर हो जाते हैं, सारी निराशा खत्म हो जाती है और अंतर खुशी से भर उठता है।"

अपने मन में प्रसन्नता के विचार लाएं, सदा प्रसन्नतापूर्ण ढंग से बात करें, अपनी इस प्रसन्नता में दूसरे लोगों को शामिल करें । ऐसा करने से आपका जीवन आनंदमय हो जाएगा, जिससे आप मुरदों की तरह नहीं, स्वस्थ जीवित आदमी की तरह जीवन व्यतीत करेंगे ।

अवसाद से दूर रहें

जब हमारा शरीर रूपी इंजन कमजोर और ढीला-डाला हो जाता है तो हमारी उत्साहपूर्ण जीवन जीने की शक्ति चुक जाती है।

अवसाद को दूर करने में व्यक्तित्व सुधार की भी भूमिका होती है। इसके लिए आत्मिक रूप से संयमित होना बहुत जरूरी है। शरीर रूपी इंजन से सही काम लेने के लिए उसे दूसरे इंजनों की तरह ही सुचारू बनाना होता है। हवाई जहाज के हवा में उड़ने से पहले पायलट दल उसके इंजनों की पड़ताल करके उन्हें ऊर्जा के उस बिन्दु तक लाते हैं जहां से वे हवाई जहाज के भारी वजन को ऊपर उठाने में सक्षम हो सकें। जब हमारा शरीर रूपी इंजन कमजोर और ढीला-ढाला हो जाता है तो हमारी उत्साहपूर्ण जीवन जीने की शक्ति चुक जाती है।

ऐसी स्थिति में हमें अपने शरीर, मस्तिष्क और आत्मा को नये सिरे से ऊर्जा देनी पड़ती है। जीवन को ओजपूर्ण बनाने की प्रक्रिया में भोजन, व्यायाम, चिंतन, प्रार्थना और जीवनचर्या अत्यंत आवश्यक कारक हैं। जब वायलिन के तार ढीले पड़ जाते हैं तो वादक को उन्हें पुनः कसना पड़ता है। इसी तरह सक्रिय जीवन जीने के लिए जीवन के सुरों को व्यवस्थित करना पड़ता है।

मेरे घरेलू डॉक्टर और पुराने मित्र डा. जेड. टी. टेलर ब्रेकोविट्ज के अनुसार जीवन का सुर साधने के लिए समय की जरूरत होती है। वे लोगों को यह सलाह देते हैं कि प्रतिदिन पांच मिनट रोइंग मशीन पर व्यायाम करना चाहिए। और पांच मिनट प्रार्थना करनी चाहिए। शरीर को स्वस्थ रखेंगे तो आत्मा भी स्वस्थ हो जाएगी। धर्म और कर्म के संगम से दृढ़ता और ओज पैदा होते हैं।

निराशापूर्ण विचार-अवसाद को बुलावा:

यह वाकई एक अच्छी सलाह है। अपने विचारों को इस ढंग से नियंत्रित करो कि वे परेशानियों में डूबने के बजाय उनके पार देख सकें। ऐसा करने से आपका अवसाद निश्चय ही कम हो जाएगा।

लेकिन अवसाद दूर करने के लिए निराशाजनक विचारों को खत्म करना जरूरी है । इसके लिए लगातार, लंबे समय तक और धैर्य के साथ प्रयास करने की आवश्यकता है । किंतु ध्यान रहे यह काम अकेले संभव नहीं है, इसमें आपको ईश्वर की सहायता लेनी पड़ेगी । अलाबामा के एक डॉक्टर ने मुझे लिखा-मेरे यहां आने वाले पिचहत्तर फीसदी लोगों को सर्जरी या दवाइयों की जरूरत नहीं होती, उन्हें सिर्फ ईश्वर की कृपा चाहिए । इस डॉक्टर के अनुसार ज्यादातर रोग अस्वस्थ विचारों के कारण पैदा होते हैं जो हमारे दिमाग पर कब्जा जमाए रखते हैं । बेशक, बीमार व्यक्ति को जरूरत पड़ने पर औषधि और ऑपरेशन की शरण लेनी ही पड़ती है । लेकिन अस्वस्थ विचारों को दूर करने के लिए उन्हें प्रभु की सहायता की आवश्यकता पड़ती है। गलत विचारों से आप बीमार पड़ सकते हैं, इसी तरह स्वस्थ विचारों से आप चंगे हो सकते हैं।

डॉ. शिन्डलर ने एक दुकानदार का किस्सा सुनाया जो पेट दर्द की शिकायत लेकर उनके पास पहुंचा । जांच करने के बावजूद कोई शारीरिक दोष नहीं निकला, क्योंकि समस्या मानसिक ज्यादा थी । उसका रोग यह था कि पड़ोस में ही एक सुपर मार्केट खुल गई थी, जबकि पहले सारे क्षेत्र में उसी की एक दुकान थी, जो धड़ल्ले से चला करती थी । वह अपने बेटे से भी परेशान था जो हर दिन कोई न कोई लफड़ा मोल लिया करता था । इन चीजों से वह बेचारा इतना ग्रस्त हो गया कि उसके पेट में दर्द रहने लगा और वह अवसाद का शिकार हो गया ।

साल में दो बार विस्कॉसिन के जंगलों में शिकार पर जाना उसकी आदत थी । पांच मील जंगल की तरफ जाकर वह अपनी कार रोकता और एक पठार पर खड़े होकर अपने शहर को निहारता, इस दौरान भी उसके पेट का दर्द कम नहीं होता । लेकिन वह जैसे ही यह जगह छोड़कर आगे बढ़ता, दर्द खत्म हो जाता । परन्तु वापस लौटते हुए वह जैसे ही उस स्थान पर आता दर्द फिर शुरू हो जाता ।

दुकानदार सुकून के लिए रोज तो शिकार पर जा नहीं सकता था । अतः डॉक्टर ने उसे अपने बीमार विचारों से मुक्त होने की तकनीक बताने की ठानी। डॉक्टर ने उसे विचार और जीवन में उच्च स्तरों से परिचित कराया । डॉक्टर शिन्डलर ने बताया, हमने उस आदमी की उदासी का इलाज किया और वह बिल्कुल ठीक हो गया ।

डॉक्टरों के अनुसार सेहत पर विचारों का जो असर पड़ता है उसे आप खुद आजमा सकते हैं।

दूसरों का अहित न करें

सफलता के लिए दूसरों को रौंद कर आगे बढ़ना संपन्नता का मजाक बनाने के बराबर है। ऐसा करने में कोई मानसिक संतोष नहीं होता, स्वास्थ्य चौपट हो जाता है, खुशी गायब हो जाती है।

अनेक सिद्धान्तों में एक महत्त्वपूर्ण सिद्धान्त यह होता है कि जैसे-जैसे आप संपन्न होते जाते हैं, आपको मानसिक शांति भी मिलती जाती है। अपनी सफलता के लिए दूसरों का अहित मत करो-मुझे इस बात की बेहद खुशी है कि मैंने इस सिद्धान्त को बहुत पहले ही गांठ बांध लिया था। जब किसी आदमी के हाथ दौलत कमाने का नुस्खा लग जाता है और वह इसे बढ़ाने के लिए कुछ हेर-फेर करने लगता है, वैसे ही जैसे कसाई मांस का कुछ और बड़ा टुकड़ा काटने के लिए अपने गंड़ासे को ज्यादा ताकत से चलाने लगता है तो उस पर पहले-पहल ध्यान नहीं जाता। मैं भी अनुचित तरीकों का इस्तेमाल करके अपनी दौलत बड़ा सकता था लेकिन ऐसा करने से मेरी मानसिक शांति भंग हो जाती।

कारनेगी से करार होने के बाद मैंने जिन लोगों के इंटरव्यू लिए, उनमें से बहुत से डकैती-सी ही किया करते थे। बाद की घटनाओं ने यह सिद्ध कर दिया कि दौलत की हवस में लोगों की बरबादी की तनिक भी परवाह न करके इन लोगों ने क्या कुछ नहीं खो दिया था। कुछ को जेल की हवा खानी पड़ी, कुछ हालांकि कानून की पेचीदगियों के चलते जेल तो गए नहीं लेकिन ऐसा जीना भी क्या जीना कि कोई भला आदमी आपसे बात भी न करना चाहे।

व्यवसाय में आजकल बड़ी-बड़ी सर्विस कॉरपोरेशन्स का चलन है, जहां भारी-भरकम स्टाफ काम करता है। फैक्टरी में काम करने वाले कर्मचारी की उपादेयता उसके काम से तय होती है लेकिन ऑफिस में काम करने वाले लोग कई बार अपनी चतुराई, कलम घिसाई और अपनी गलतियों के लिए दूसरों को जिम्मेदार ठहराने के दांव-पेंच लगाकर आगे बढ़ जाते हैं। सफलता के लिए दूसरों को रौंद कर आगे बढ़ना संपन्नता का मजाक बनाने के बराबर है। ऐसा करने में कोई मानसिक संतोष नहीं होता, स्वास्थ्य चौपट हो जाता है, खुशी गायब हो जाती है और घर की सुख शांति नष्ट हो जाती है। आपके पास दौलत की ताकत तो होती है लेकिन आप एक भिखारी से भी ज्यादा दुखी हो जाते हैं।

कक्षाओं के दौरान मेरे सामने अनेक छात्रों ने यह बात स्वीकार की कि आगे बढ़ने के लिए उन्होंने कई बार अनुचित तरीकों का इस्तेमाल किया और व्यवसाय की नैतिकता के साथ समझौता किया । अब वे नए ढंग से चीजें शुरू करना चाहते हैं लेकिन क्या यह बात संभव है? अब चाहे वे कितना भी ईमानदारी से पैसा कमा लें क्या वे अपराध बोध से बच सकते हैं? मैंने उन्हें इस बात का भरोसा दिया कि वे अपराध-बोध से मुक्त हो सकते हैं, यदि वे अपने अतीत का द्वार बंद कर दें । वे बेईमानी को गलती मानते रहें, अपराध मानते रहें पर उसे अतीत का हिस्सा मानें, इस बात के कई निहितार्थ हैं । सिर्फ बेईमानी! को ही नहीं, अतीत की किसी भी गलती को वैसे ही पीछे छोड़ा जा सकता है, जैसे भौतिक परिस्थितियां पीछे छूट जाती हैं । मैंने उन लोगों को बताया कि अब उनके अंदर एक नया व्यक्तित्व पैदा हो रहा है । अब अतीत कोई मायने नहीं रखता ।

हमारी दुनिया ऐसे लोगों से भरी पड़ी है जिन्होंने अपने दुर्गुणों से यहां तक कि जेलों में रहकर भी यह सबक ग्रहण किया कि बेईमानी से कभी भला नहीं होता । गलतियां सुधारने से सदा लाभ होता है और इस दुनिया में ऐसे लोगों की कमी नहीं है, जिन्होंने अपनी गलतियों को सुधार कर उन्नति की है ।

अपवाद के तौर पर अलकेपिनों का किस्सा लीजिए । महामंदी के दौर में इस छंटे हुए बदमाश ने बेरोजगारों को सूप वितरित करने के लिये एक बूथ खोला । असल में ऐसा करके वह अपनी ओर लोगों का ध्यान आकर्षित करना चाहता था । यह मात्र एक पाखंड था ।

दूसरी ओर यहां ओ हेनरी की मिसाल देखें, जिसे एक जुर्म के कारण कारावास का दंड मिला था । वह एक ऐसे महान लेखक के रूप में प्रसिद्ध हुआ, जिसे मानव चरित्र की गहरी समझ का कहानीकार माना जाता है ।

मैंने कहीं सुना है कि प्रियजन की मृत्यु से हम कभी नहीं उबर पाते । यह इस अर्थ में एकदम सही बात है कि जीवन की प्रत्येक स्थिति, प्रत्येक खुशी और दुख हमारे होने को गहराई से प्रभावित करते हैं । लेकिन इसी के साथ यह भी नहीं भूलना चाहिए कि इस सबको नियंत्रित करने की शक्ति हमारे ही पास होती है ।

मैं उन लोगों में से नहीं हूं जो मृत्यु से पैदा हुए दुख की भावना को खत्म करने की बात करते हैं । प्रकृति ने हमें आंसू और दुख इन अदम्य भावनाओं के सुरक्षा कवच के रूप में दिए हैं । लेकिन बहुत से लोगों का रोना-पीटना कभी खत्म नहीं होता । हम यह कहते तो जरूर हैं कि जिस चीज पर हमारा बस नहीं चलता उस पर चिंता करने से क्या फायदा । लेकिन हम मृत्यु

का शोक बहुत लंबे समय तक मनाते रहते हैं-यह जानने के बावजूद कि हमारा इस पर कोई नियंत्रण नहीं है।

हमारी भौतिक काया पंचभूत से पैदा होती है और उसी में मिल जाती है शायद मानव अस्तित्व का मानसिक और आध्यात्मिक अंश पुनः मूल स्रोत में मिल जाता है। हम इस बात को समझते तो हैं लेकिन इसकी खोज नहीं कर पाते, खैर जो भी हो। प्रियजन की मृत्यु का शोक नहीं बल्कि उसकी मधुर स्मृतियां अपने साथ रखें। जीवन की तरह मृत्यु भी एक स्वाभाविक प्रक्रिया है।

क्या आप यह सोचते हैं कि जीवन में प्रेम सिर्फ एक बार किया जाता है और उसकी परिणति विवाह में होती है। मानव अनुभव इस बात को असत्य सिद्ध करता है। हालांकि मैं स्वयं विवाह की पवित्रता में विश्वास करता हूं, लेकिन साथ ही यह भी जानता हूं कि विवाह प्रसन्नता का पर्याय नहीं है।

खुश रहना आपका अधिकार है और आपका जीवन आपकी ही अमानत है। जब शादी करके गलती करने का अहसास हो, निष्ठा खत्म होने के बावजूद एक-दूसरे के साथ रहना पड़े, तब वह गलती और भी संगीन हो जाती है और उसकी छाया जिंदगी को अपनी गिरफ्त में ले लेती है। कई बार जीवन में सफलता के लिए अवांछित विवाह से मुक्त होना पड़ता है।

फर्ज कीजिए कि बिना किसी गलती के आपको नौकरी से निकाल दिया है और इसके बाद आपके मन में पूर्व मालिक के प्रति गुस्सा और रोष पैदा हो जाते हैं। इसी बीच जब आप कोई दूसरी नौकरी ढूंढ रहे होते हैं तो कोई चीज दूसरे संभावित मालिक को "ना" करती रहती है। वह क्या है जो "ना" कहती है? आपके दिमाग से पैदा हुए घृणा और गुस्से के भाव दूसरे मालिक पर ऐसा प्रभाव डालते हैं कि वह ऐसा न चाहते हुए भी आप में कोई कमी देखता है और आपको नौकरी देने से मना कर देता है।

लेकिन जरा इस निराशा के भाव को भूलने की कोशिश करें और नई नौकरी पाने के लिए ज्यादा दृढ़ इच्छा शक्ति के साथ जाएं। इस स्थिति में जो भी आपका इंटरव्यू लेगा वह निस्संदेह आपके गुणों को पहचान जाएगा। अगर कोई पिछले मालिक के बारे में पूछे तो क्या किया जाए? इसके बारे में कोर्ट भी गलत बात न कहें। अतीत के झगड़े और रोष को अतीत में ही रहने दें उसे भविष्य की राह में उड़चन न बनने दें।

नौकरी की प्रतिस्पर्धा वैमनस्य को फलने-फूलने का भरपूर मौका देती है। निस्संदेह आपके कुछ निश्चित अधिकार हैं और बिना प्रतिरोध किए सब कुछ सहन करते जाना सफलता या

मानसिक शांति का अंग नहीं है । लेकिन व्यक्तिगत संबंधों में होने वाली रोजमर्रा की नोंक-झोंक को तूल देकर बतंगड़ बनाना अच्छी बात नहीं । छोटी-छोटी बातों को स्वयं ही खत्म हो जाने दें ।

आप में कितना बड़प्पन है? सफल होने के लिए बड़प्पन जरूरी होता है । लेकिन सचमुच का बड़ा आदमी बेकार के मुद्दों पर अपनी भावनाएं व्यर्थ करने के बजाय शुरू से ही इस बात का ख्याल रखता है कि सही चीज पर ध्यान दिया जाए । जब आप यह जानते हैं कि गुस्सा और बैर कितने खतरनाक तत्व हैं तो छोटी-छोटी नोक-झोंक को तत्काल दफन कर दीजिए । कई बार तनाव पैदा करने वाले मुद्दों पर बातचीत करना और दोषी व्यक्ति को उसकी गलती से अवगत करना तथा इसके बाद नए सिरे से संवाद स्थापित करना अच्छा रहता है । लेकिन अंदर-ही-अंदर पनपता बैर बहुत घातक होता है । यह एक भारी नकारात्मक शक्ति होता है जो न केवल आपकी मानसिक शांति को हर लेता है बल्कि अल्सर और अन्य रोगों का कारण बन जाता है । ऐसे तत्व को समूल नष्ट कर दीजिए ।

यह देखना बहुत आश्चर्यपूर्ण और संतोषजनक है कि अतीत के पछतावों को भुलाने की आदत सकारात्मक परिणाम लाने वाली आदत बन जाती है । यह मन को नियंत्रित करने में मदद करती है । और आपको इच्छित ध्येय प्राप्त करने के लिए मानसिक रूप से तैयार करती है ।

मुझसे अक्सर, विशेषकर नौकरी और कैरियर से संबंधित लोगों को ऐसा गुरुमंत्र देने के लिए कहा जाता है जिससे उनका उद्धार हो सके । इसके लिए सबसे बड़ा मंत्र यह है कि पहले से भी ज्यादा निष्ठा और उत्साह के साथ काम करो ।

अपने वेतन से ज्यादा और बेहतर सेवा करें । अपने काम के बारे में ज्यादा से ज्यादा जानने और उसमें माहिर होने की कोशिश करें । अपने काम को इस ढंग से अंजाम दें कि अपेक्षा से ज्यादा काम हो सके ।

एक नौजवान किसी बड़े छापेखाने में कर्मचारी था । वह अक्षर (टाइप) पर ज्यादा ध्यान नहीं देता था । वह इस बात से संतुष्ट था कि ग्राहक पुरानी किस्म के टाइप का इस्तेमाल करते रहें । इससे उसका काम आसान हो जाता था, लेकिन जैसा कि मैंने उसे बताया, इस रवैये के कारण वह अपने काम का जानकार नहीं बन पा रहा था ।

इसके बाद उसने अक्षर टाइप की बनावट और उनके विन्यास का अध्ययन करना शुरू कर दिया और ऐसे मामलों में भी ध्यान लगाना शुरू कर दिया जो छपाई को ज्यादा सुरुचिपूर्ण

और कलात्मक बना देते हैं । जब उसके बीस को किसी ने सामग्री की अच्छी छपाई के लिए प्रशंसा-पत्र भेजा तो बीस को अहसास हुआ कि वह नौजवान कंपनी के लिए कितना महत्त्वपूर्ण काम कर रहा है ।

वह नौजवान उसी कंपनी में बड़े पद पर पहुंच चुका है, जहां पहले उसका कोई नोटिस नहीं लिया जाता था । इस युवक ने खुद को क्षोभ की उस भावना से भी बचा लिया है, जिसके चलते वह अल्पवेतन और संकुचित भावनाओं के साथ अपना बुढ़ापा काटने को मजबूर हो जाता ।

एक स्टोर में काम करने वाली महिला के दिमाग में आया कि वह उतना ही काम करेगी, जितने काम की उसे तनख्वाह मिलती है । उसका काम सिर्फ काउंटर पर रखी चीजों को बेचने तक सीमित है । एक रोज स्टोर पर कोई महिला सामान खरीदने आई और उसने काउंटर के पीछे खड़ी उक्त स्त्री से किसी चीज के बारे में इतने मधुर और स्नेहपूर्ण शब्दों में पूछा कि वह उस वस्तु को छूने में लग गई और जब वह चीज मिल गई तो उसे अपने अंदर एक बड़प्पन का अहसास हुआ । इसके बाद से वह ग्राहकों को उन आइटमों के बारे में भी बताने लगी जो बाहर न होकर यहां-वहां रखे रहते थे ।

जल्दी ही उसके यहां कुछ ग्राहक नियमित रूप से आने लगे । वे अपना सामान खरीदने की बारी का इंतजार करते । इससे भी ज्यादा यह हुआ कि चीजों के बारे में उसकी जानकारी देखकर ग्राहक उसके कहे अनुसार ही चीज खरीद लेते थे । आज उसके सामने अच्छी नौकरी की अपार संभावनाएं हैं । उसके मुताबिक कामयाबी के लिए दो चीजें जरूरी हैं-एक तो आपका काम और दूसरे खुद आप ।

आप ही दोनों चीजों में सबसे ज्यादा महत्त्वपूर्ण होते हैं । ज्यादा और बेहतर काम करने में खुद को छोटा या मामूली नहीं मानना चाहिए ।

दी गई जिम्मेदारी से ज्यादा काम करने की इच्छा अपने आप में एक टॉनिक है और ज्यादा कमाई करने की संभावना व्यवसाय में आगे बढ़ने, खुश रहने वाले और ऐसे हिम्मती आदमी का लक्षण है जो हर दिन अपने जीवन को मूल्यों से संस्कारित करता चलता है ।

***

www.ingramcontent.com/pod-product-compliance
Lightning Source LLC
LaVergne TN
LVHW051303200726
843510LV00010B/1258